Otto Gillen   Brannte nicht unser Herz …

Alles Sichtbare ist nur die äussere Gestalt,
in die sich ein Unsichtbares hüllt.

Gertrud von Le Fort

Dem Andenken an Josef Kral, dem im Jahre 1965
verstorbenen Generalsekretär der Internationalen
Gesellschaft Katholischer Parapsychologen, Her-
ausgeber der Zeitschrift «Verborgene Welt – Glaube
und Erkenntnis» und Verfasser des Werkes «Die
Wirklichkeit des Aussersinnlichen in Wissenschaft
und Christentum».

Zu unserem Titelbild:

Die Emmaus-Jünger in dem Augenblick, als der
Herr ihnen entschwand (Lukas 24, 31).

Lavierte Federzeichnung von Rembrandt um 1645.
Cambridge, Fitzwilliams-Museum.

VIA·VERITAS·VITA

OTTO GILLEN

Brannte nicht
unser Herz...

Aussersinnliche Wahrnehmungen
in christlicher Sicht

CHRISTIANA-VERLAG
STEIN AM RHEIN

Otto Gillen

Lieferbare Titel im Christiana-Verlag:

Brannte nicht unser Herz?
Liebe will singen
    von Esther Erkel mit Nachwort von Otto Gillen
Maria am Spinnrad (Neuauflage 1989)
Der Mensch in Gottes Hand
Der Mystiker vom Bodensee
Immer kann ich Dich ahnen
... nichts als Lobgesang

Zweite Auflage 1988: 11.–16. Tausend
© CHRISTIANA-VERLAG
CH-8260 STEIN AM RHEIN/SCHWEIZ
Alle Rechte, auch diejenigen der Übersetzung und der Verwertung durch Film, Funk, Fernsehen, fotomechanische Wiedergabe, Tonträger aller Art und auszugsweisen Nachdruck sind vorbehalten und nur bei genauer Quellenangabe gestattet.
Printed in Switzerland
Druck: «Ostschweiz» Druck + Verlag AG, CH-9000 St.Gallen

CIP-Titelaufnahme der Deutschen Bibliothek

Gillen, Otto:
Brannte nicht unser Herz...: aussersinnl. Wahrnehmungen in christl. Sicht/Otto Gillen. – 2. Aufl., 11.–16. Tsd. – Stein am Rhein: Christiana-Verl., 1988
ISBN 3-7171-0743-7

VORWORT

In parapsychologischen Geschehnissen lässt sich leicht eine Hindeutung auf die Transzendenz finden, doch lassen sich Gotteserfahrungen mit den Mitteln und Methoden der tiefenpsychologischen Forschung nicht ergründen. Alle Versuche, dem Aussersinnlichen mit rationalen Deutungen beizukommen, sind zum Scheitern verurteilt, weil naturwissenschaftlich-kausales Denken einer anderen Ebene zugehört als Religion, Mystik, Poesie, Kunst, Ethik. Der plötzliche Übertritt aus der Sphäre der Irdischkeit in die Transzendenz – und umgekehrt – ist dem Durchstossen einer geistigen «Schallmauer» vergleichbar; es geschieht nicht ohne Erschütterung.

Das Buch will in ursprünglich und einfach formulierten Erlebnis-Berichten die Fülle und Vielfalt des in unsere Welt einbrechenden Irrationalen aufzeigen und, soweit das möglich ist, in den Zusammenhang mit dem Ganzen des Seins stellen, die Möglichkeit einer unmittelbaren Manifestation des Göttlichen eingeschlossen. Die Beispiele aus früherer Zeit mögen eine Bestätigung dafür sein, dass diese Phänomene zur Fülle unseres Lebens, unseres ganzen Menschseins gehören.

Die zeitgenössischen Berichte einschliesslich der des Verfassers werden hier erstmals veröffentlicht. Der Leser wird in ihnen einen Beweis dafür sehen, dass auch in unserer hochtechnisierten, scheinbar nur auf das Materielle gerichteten Epoche das Geheimnis lebendig ist. Man darf glauben, dass Gott gerade in unsere Zeit der Wirrnisse, Ängste und Zweifel Zeichen gegeben hat. Sie sind vielleicht für manche Menschen nötig, um glauben zu können. Die aber in irgend-

einer Weise teilhaben an den unzählbaren Manifestationen der geistigen Welt, wagen es angesichts des betont zur Schau getragenen Unglaubens oft nicht, von ihren Erlebnissen zu sprechen.

Nicht wenige haben sich dem Verfasser anvertraut. Schon durch das einfache Mitteilen waren sie wie von einem seelischen Druck befreit. Ihre Berichte haben die Einfachheit des Dokuments, jeder einzelne verbürgt sich für ihre Wahrheit. Trotzdem sollte sich der Leser nicht kritiklos in die Lektüre stürzen, sich aber auch nicht allzu skeptisch distanzieren, sonst bleiben ihm die Geschehnisse bestenfalls interessant, aufregend, spannend, und das wäre zu wenig.

In der glaubwürdigen Bekundung des Hineinwirkens göttlicher Kräfte in unsere Irdischkeit sieht der Verfasser die eigentliche, wesentliche und notwendige Aufgabe des Buches. Und auch darin, Staunen vor den Wundern der geistigen Welt zu wecken und mit dem Staunen neue Einsichten wachzurufen und die Erkenntnis, dass das mechanistische Weltbild im Anhauch einer neuen Spiritualität endgültig zerbrochen ist.

Dr. Otto Gillen

LICHT-PHÄNOMENE

*Die Sonne ist nur ein Schatten
Gottes.*

Michelangelo

Die geistige Welt hat viele Wege und Weisen, sich
kundzutun. Häufig geschieht es als «inneres Licht»,
als «innere Stimme». Was dem Betroffenen geschieht,
vollzieht sich in einer anderen Dimension, die sich der
alltäglichen sinnenhaften Erfahrung entzieht. Raum
und Zeit in ihren gewohnten Massen sind aufgehoben. Für einen Menschen, dem ein Lichtfunke «von
oben» zufällt, hat es immer eine Bedeutung, manchmal
auch im Sinne einer Weisung oder Warnung, wie sie
beispielsweise Belsazar geschah, als ihm die leuchtende Schrift des Menetekel an der Wand erschien
(Dan. 5, 5).
Das erste Schöpfungswort Gottes war «Es werde Licht!
Und es ward Licht. Und Gott sah, dass das Licht gut
war. Da schied Gott das Licht von der Finsternis»
(1. Mos. 3-5). In einer Feuersäule geht er seinem Volk
voran durch die Wüste, aus dem brennenden Dorn-
busch vernimmt Moses die Stimme Gottes: «Ich bin
der Ich bin» (2. Mos. 3, 2). Und als Moses mit den Ge-
setzestafeln in den Händen aus der Gottesbegegnung
vom Sinai herabkam, sahen Aaron und das Volk sein
Antlitz glänzen, so dass sie sich fürchteten, ihm zu
nahen (2. Mos. 34, 29-30).
Der Beginn des Neuen Testaments wird erhellt vom
Licht des grossen Sterns, der die Weisen zu dem hin-
führt, der in der Stille der Nacht zu Nikodemus sagen
wird: «Das Licht ist in die Welt gekommen» (Joh. 3, 19).
Ihm begegnete Paulus auf dem Weg nach Damaskus
(«es erschien ihm ein Licht vom Himmel, heller als

9

der Sonne Glanz») (Apg. 26, 12). Licht und Anruf Christi warfen ihn nieder, blendeten ihn, um ihn als einen völlig anderen zu einem neuen Sehen wieder aufstehen zu lassen.

Bei den zahlreichen Muttergotteserscheinungen, die sich merkwürdigerweise in den letzten 150 Jahren häuften[1], spielt das Licht eine wichtige Rolle. Während der zweiten Begegnung, die Katharina Labouré 1830 im Mutterhaus der Vinzentinerinnen in Paris hatte, zeigt Maria der Seherin beide Hände. An den Fingern sind kostbare Ringe, von deren Edelsteinen leuchtende Lichtstrahlen ausgehen, die ihre ganze Gestalt in helles Licht hüllen. Sie erklärt: «Diese Strahlen sind das Sinnbild der Gnaden, die ich über die ausgiesse, die mich darum bitten. Die Edelsteine, die keine Strahlen aussenden, versinnbildlichen jene Gnaden, die man zu erbitten versäumt!» Nun hält sie die strahlenden Hände schräg nach unten gerichtet – ein Bild, das auf der bekannten Medaille festgehalten ist, die Katharina auf Weisung der hl. Jungfrau prägen liess.

Die Erscheinung von La Salette[2] am 19. September 1846 beginnt mit einer überaus hell leuchtenden Lichtkugel, die in Fatima mit einem hellen Lichtschein über der kleinen Eiche. Das sogenannte Sonnenwunder des Jahres 1917, das man als grosse Mahnung, als Warnsignal empfunden hat, ist vorher angekündigt worden. Zehntausende waren in Fatima Zeugen, wie die Sonne sich in rasender Geschwindigkeit drehte, tanzte, auf die Erde herabzustürzen schien. «Das einzigartige Geschehen des mystischen Sonnenwunders war», wie N. Langkojer schreibt, «in die Natur eingebettet und auf die irdische Sonne bezogen. Diese stand nach dem auffallenden Wolkenaufbruch am strahlend blauen Himmel. Sie war in gewohnter Weise sichtbar. Dann erst leuchtete die mystische Sonne auf, die das Wunder bewirkte. Das übernatürliche Licht erglänzte so strahlend und übernatürlich schön, dass es die natürliche Sonne bedeckte und vollständig überblendete. Da es sich um ein mystisches Licht handelte, war es für die Augen der Zuschauer ohne schädliche Wirkung. Es wurde im Gegenteil als angenehm und wohltuend empfunden. Erst nach dem Erlöschen der mystischen Sonne trat die irdische wieder in normaler Strahlung und Grösse hervor.»

Die Erscheinung von Zeitoun bei Kairo[3] wird vom dortigen Patriarchat als «Mutter des Lichtes» bezeichnet, die in den Jahren 1968 und 1969 von Hunderttausenden gesehen wurde. Nach den Berichten pflegten geheimnisvolle Lichtphänomene dem Erscheinen der Frau vorauszugehen, manchmal als Aufstrahlen eines Lichtes wie ein Flächenblitz oder wie ein Kreis von Scheinwerfern oder wie fallende Sterne.

«Nicht der Gott der Philosophen»

Das mystische Gott-Erlebnis Blaise Pascals, dessen Niederschrift man nach seinem Tode in den Saum seines Gewandes eingenäht fand, beginnt mit dem Wort «Feuer». Es steht gross wie ein berstender Stern unmittelbar nach der genauen Angabe von Zeit und Stunde über dem Bekenntnis. Das innere Licht, das Pascal zuteil wurde, erleuchtete sein ganzes weiteres Leben; er wurde, wie alle, die der Strahl getroffen hatte, ein anderer, «eine neue Kreatur».

Das Dokument unmittelbarer verwandelnder Gott-Erfahrung aus dem «Jahr der Gnade 1654», das man immer wieder einmal langsam lesen, meditativ auf sich wirken lassen sollte, hat folgenden Wortlaut:

«Feuer

Gott Abrahams, Gott Isaaks, Gott Jakobs.
Nicht der Gott der Philosophen und Gelehrten.
Gewissheit. Gewissheit.
Empfindung.
Freude, Friede.

Gott Jesu Christi.
Vergessen der Welt und aller Dinge,
ausgenommen Gott.
Ich habe dich erkannt.
Freude. Freude. Freude.
Tränen der Freude.»

Der Glanz der Heiligen

Licht als Ausstrahlung der Freude und des inneren
Friedens oder unmittelbar aus der Glut Gottes hervor-
brechend ist das Signum der Heiligen. Der Wider-
schein des Seelenglücks und der gelebten Gotteskind-
schaft ist psychologisch deutbar. Nach einem Ausspruch von Johannes vom Kreuz schwimmt «die Seele
desjenigen, der Gott dient, immer in Seligkeit, hält
immer Feierabend, weilt immer im Hause des Jubels
und singt mit immer neuer Freude ein Lied der Liebe
und Wonne» – Ausdruck eines reinen, von aller Ich-
sucht befreiten Glücksgefühls. Das lässt sich erklären.
Aber der mystisch Entflammte entzieht sich dem
rational Erklärbaren.
Die Kunst, auch die anderer Religionen, wie des Bud-
dhismus, hat schon früh für die hohe Ausstrahlung des
ausserordentlichen Menschen ein Symbol gefunden,
den Nimbus um das Haupt oder die Mandorla, die sich
um die ganze Gestalt schmiegt; sie entspricht der Aura,

von der man schon früh wusste. Während noch Giotto den Nimbus hinter die Köpfe wie feste goldene Scheiben legte, von denen die dahinter Stehenden verdeckt werden, haben spätere Künstler das Licht transparent aus den Häuptern hervorbrechen lassen, so Tintoretto auf seinem Gemälde «Christus bei Maria und Martha», auf dem der Kopf Jesu wie von kleinen Flammen umzüngelt erscheint. Der Auferstandene auf Grünewalds Isenheimer Altar ist verklärten Leibes ganz in Licht verwandelt, während die Aureole als Kreis der Vollkommenheit das All durchdringt.

Papst Benedikt XIV. erklärte, man würde an kein Ende kommen, wollte man über den Lichtglanz, der auf dem Antlitz der Heiligen zu ihren Lebzeiten erschienen ist, erschöpfend berichten.[4] Die *hl. Hildegard von Bingen* (gestorben 1179) bekennt in ihrem Hauptwerk «Wisse die Wege» (Scivias): «Als ich vierzig Jahre und sieben Monate alt war, kam vom geöffneten Himmel feuriges Licht von höchstem Glanze, durchgoss mein ganzes Gehirn, entzündete mein ganzes Herz und meine ganze Brust wie mit einer Flamme, die jedoch nicht brannte, sondern nur erwärmte, so wie die Sonne einen Gegenstand erwärmt, auf den sie ihre Strahlen sendet.» Auch *Birgitta von Schweden* (1303–1373) wurde im Augenblick ihrer Berufung aus einer leuchtenden Wolke heraus angesprochen.

Über den *hl. Franziskus* schreibt der Verfasser der «Fioretti»: «Bruder Leo trat leise in die Zelle . . ., und wie er genau zuschaute, sah er ein wunderschönes Licht, gleich einer schimmernden Flamme, die den Augen wohltat, vom Himmel herniederschweben, um über dem Haupte des Heiligen stehen zu bleiben . . .»

Eine Aufzeichnung über eine ihr zuteil gewordene Lichtvision hat die *hl. Marina von Escobar* (1554–1633) hinterlassen. Sie schreibt: «Als ich mein Bewusstsein wiedererlangte, sah ich gleichsam eine göttliche und überhimmlische Sonne, die mit den schönsten und lieblichsten Strahlen die Höhen rings um sie beleuchtete, wobei meine Seele, von diesen Strahlen getroffen, sich gleichsam mit ihr verschmolz. Ich verlor mich selbst und vermag mit Worten nicht zu erklären (denn keine Worte sind imstande es anzudeuten), welche göttlichen Dinge ich in Gott geschaut und im Lichte seiner göttlichen Strahlenhülle (ich gebrauche dieses Wort, weil ich zur Erklärung dieses Geheimnisses kein anderes finde) erkannt habe. Ich kann nicht sagen, wie lange ich mit diesem Licht verschmolzen gewesen, noch wie oder von wem ich dahin gebracht worden sei.»

Teilhabe am Wesen Gottes

Von dem spanischen Mystiker Johannes vom Kreuz (1542–1591), den seine Mitbrüder oft von einem himmlischen Licht umstrahlt sahen, schreibt Reinhold Schneider[5]: «Das überwältigende Licht, welches von seinem Inneren auf das Antlitz überströmt, ist nichts anderes als Teilhabe am wahren Wesen Gottes.» Das kann von vielen Begnadeten gesagt werden. Häufig gibt es unbezweifelbare Bestätigungen für die Echtheit solcher Erscheinungen. Wilhelm Schamoni führt in seinen «Parallelen zum Neuen Testament»[6] (im Kapitel «Sein Angesicht leuchtete wie die Sonne») eine Reihe von Heiligen und Seligen auf, an denen zuverlässige Zeugen der Kanonisationsprozesse Licht-Phänomene der verschiedensten Art bemerkt haben. Über den *hl. Josef von Cupertino* sagte ein Zeuge: Wenn ihm in seiner letzten Krankheit die hl. Kommunion gereicht wurde, «erschien auf seinem Gesicht ungewöhnlicher Glanz helleuchtenden Lichtes zum Staunen aller, die zugegen waren».

Ein 36jähriger Laienbruder berichtet über den seligen *Nikolaus Factor,* einen Franziskaner, geboren in Valencia 1520: «Als beide sich zusammen hingekniet hatten und beteten, hörte der Zeuge nach etwa einer halben Stunde Pater Nikolaus tief aufseufzen, und als er die Augen erhob, um zu sehen, was ihm zugestossen sei, sah er sein ganzes Gesicht derart leuchten und strahlen, dass er durchaus nicht sein Angesicht anschauen konnte. Viermal machte er den Versuch, ob er ihn betrachten könne, und keinmal brachte er es fertig, sondern musste die Augen abwenden.»

Über *Konrad von Parzham* erklärte die Zeugin Elisabeth Hofer: «Wenigstens sechs Monate lag meine Mutter Maria Hofer krank danieder. Sie hatte als Pflegerin das Fräulein Maria Münchsdorfer. Diese sagte einmal zu meiner Mutter, die St. Anna-Kirche gegenüber unserer Wohnung sei in ungewöhnlicher Weise während der Nacht beleuchtet, und zwar nach dem mitternächtlichen Chorgebet der Kapuziner. Meine Mutter wurde an das Fenster gebracht, und wenigstens einmal sah sie die Beleuchtung. Auch ich habe sie zweimal in verschiedenen Nächten gesehen. Alle, die davon Kenntnis bekamen, glaubten sicher, die Ursache für dieses Licht könne niemand anders sein als Bruder Konrad. – Das Licht glich nicht dem gewöhnlichen von Kerzen oder Lampen, auch nicht dem des Mondes. Es war mehr wie der Glutschein eines Brandes.»

Über den seligen *Bruder Krispin von Viterbo,* Kapuziner, gestorben zu Rom am 19. Mai 1750, sagte ein Mitbruder aus: «Ich habe Bruder Krispin in den letzten Jahren seines Lebens hier in Rom beobachtet. Ich habe gesehen, wie sich, wenn er in der Kapelle des Krankenflügels unseres Klosters kommunizierte, in dem Augenblick, wenn er das heiligste Sakrament empfing, sein Gesicht in – wie ich glaube – übernatürlicher Weise entzündete und so feurig wurde, dass es Strahlen aussandte und mich blendete, wenn ich es betrachten wollte, und mich innerlich bewegte.»

Über den *seligen Leopold von Gaiche* (bei Perugia), in Spoleto am 2. April 1815 gestorben, sagte P. Pacificus von Assisi: «Nachdem der Diener Gottes ungefähr eine Stunde gebetet hatte, sah ich ihn, wie er mit offenen Armen, das Gesicht zum heiligsten Sakrament gewandt, in Licht gehüllt war, das die ganze Kirche erfüllte. Dieses Licht war so leuchtend wie etwa der Vollmond. Während der Zeit, in der sich der Diener Gottes von dem Licht eingehüllt fand, wiederholte er zwei- oder dreimal: ‚Himmel, Himmel, o wie schön du bist!'»

Die geheimnisvolle Sonne

Die *selige Anna Maria Taigi* (gestorben 1837), eine einfache Frau, Mutter von sieben Kindern, sah 47 Jahre lang eine geheimnisvolle Sonne, und zwar ständig 10 Fuss vor sich. Kardinal Pedicini hatte als jüngerer Geistlicher auf Befehl ihres Beichtvaters jahrelang aufzuschreiben, was irgendwie Besonderes seinem Beichtkind begegnet war. Er erklärte unter Eid, dass Anna Maria alles sehen konnte, was es Sichtbares und Unsichtbares auf Erden gibt, und nicht nur das. Sie drang auch ein in die Tiefe des Abgrunds und in die Höhe des Himmels und erkannte das Los der Verschiedenen mit unaussprechlicher Klarheit. Sie sah die verborgensten Geheimnisse der Natur und der Gnade. Sie erkannte die Gesichtszüge von Personen, die sie nie gesehen hatte. Sie erkannte die geheimsten Gedanken, nicht nur jene ihrer Bekannten oder von Anwesenden, sondern auch weit Entfernter, wie auch den Zustand der Gewissen in der klarsten Weise.

Die Ordnung der Zeit existierte nicht für sie, ihr waren zugänglich die Geheimnisse und Menschen vergangener Jahrhunderte mitsamt den kleinsten Umständen physischer wie seelischer Art, und dies genauso bezüglich der Zukunft. Und das Überraschende ist, es geschah mit einem einzigen Blick auf die mystische Sonne. Es ist kein Zweifel, dass in einer besonderen Weise die Gottheit in der Sonne gegenwärtig war. Denn durch diese ausserordentliche Gnade, von der man sonst noch nie gehört hatte – ausgenommen die hl. Hildegard von Bingen mit ihrem «lebendigen Licht» –, besass sie in Gott die Erkenntnis der Dinge, soweit dies überhaupt möglich ist für eine Seele im Pilgerstande zur ewigen Heimat. Mehrmals wurde ihr von ihrem himmlischen Bräutigam versichert, er habe in ihrem Herzen seinen Thron errichtet. Was Kardinal Pedicini hier als allgemeine Behauptung bringt, wird in den späteren Aussagen bewiesen.

*

Durch wunderbare Lichterscheinungen machte der Himmel auf den 1965 seliggesprochenen libanesischen Mönch *Scharbel Machluf* aufmerksam, an dessen Grab zahllose Wunder geschehen sollten. Schon unmittelbar nach seinem Hinscheiden, in der Nacht zum Stephanstag des Jahres 1898, wurde der Obere des Klosters Annanaya, in dessen Kirche man die sterbliche Hülle des Einsiedlers aufgebahrt hatte, geweckt. Aufgeregt und verstört meldete ihm Bruder Elias Mehrini, dass in der Kapelle ein heller Strahl vom Tabernakel her kommend auf das Antlitz des Entschlafenen falle. Der Superior fand alles bestätigt. Einige Wochen später kamen Bauern zu ihm und versicherten ihm, sie hätten merkwürdige Lichterscheinungen über dem Grabe Pater Scharbels gesehen, schon öfters und zu verschiedenen Zeiten. Auch dieses Phänomen konnte bald vom Superior und vielen Zeugen bestätigt werden. Schon im Jahre 1875, als der Mönch noch nicht seine Einsiedelei beziehen durfte, geschah das erste Lichtwunder: Eine Lampe, die ohne sein Wissen mit Wasser gefüllt war – zwei Brüder wollten sich mit ihm einen Spass machen –, brannte ganz normal, als schwebe die Flamme über Öl.[7]

In allen diesen Fällen handelt es sich um Zeugnisse mystischer Begnadung. Abgeschwächt gilt das noch bei gewissen Transzendenz-Erfahrungen aus neuerer Zeit, von denen sich Spuren in ekstatischen Dichtungen finden, etwa bei Walt Whitman (1819–1892).[8]

«Und wie in einem Taumel blendet mich
für die Dauer eines Augenblicks
Eine andere Sonne, unsäglich voll
Und alle Himmelskörper, die ich je gekannt habe,
und leuchtender, neue Himmelskörper
Einen Augenblick vom LAND der Zukunft,
Himmelsland ...

Hast du nie eine Stunde erlebt,
Einen jähen, göttlichen Strahl,
unter dem all diese Seifenblasen, Moden,
Wohlstand,
Diese emsig verfolgten Ziele –
Bücher, Politik, Kunst, Liebschaften
Zu einem schieren Nichts zerbarsten?»

Mein Freund Erich Herrmann wurde von einer Licht-vision so tief berührt, dass von der Stunde der Erscheinung an sein Leben – das damals einen Tiefpunkt erreicht hatte – eine entscheidende Wende erfuhr. Er wurde im Sinne des hl. Paulus eine neue Kreatur. Auf meine Bitte hat er das Erlebnis und dazu einige andere Licht-Phänomene, die er in der Kirche und zu Hause hatte, bis in alle Einzelheiten geschildert. Dass an den letzteren auch seine Frau Anteil hatte, dass beide sich gegenseitig die Echtheit der Erscheinungen bestätigen konnten, erhöht ihren Wahrheitswert.

Er schreibt: «Es war der 29. Oktober 1961. Wir wohnten damals in der Nähe von Celle. Nachdem ich geschäftlich in Wolfsburg zu tun hatte, besuchte ich abends meine Mutter in Peine. Schon nachmittags auf der Fahrt fühlte ich mich veranlasst, häufig zum Himmel zu schauen. Nach dem Besuch bei meiner Mutter fuhr ich gegen 22 Uhr zurück nach Celle und befand mich gegen 22.30 Uhr am Ausgang eines kleinen Dorfes unweit der Bundesstrasse Braunschweig–Celle, die ich auf dieser Nebenstrasse erreichen wollte. Der helle Mond stand am Himmel, mondleuchtende Wolken trieben dahin. Aus einer dieser Wolken, halbrechts vor mir, ‚tropfte‘ plötzlich ein sehr helles Licht, als wenn es ausgegossen würde. Es schwebte zu Boden, einige Sekunden lang oder Minuten, ich weiss es nicht. Es veränderte im Herabfallen seine Farbe, wechselnd in allen Farben des Regenbogens, und fiel auf eine Wiese jenseits der Hauptstrasse, zu der ich unterwegs war, bis es verlöschte.

Beim Erscheinen des Lichtes hatte ich angehalten und war ausgestiegen, hatte die Hände gefaltet, das Vater-unser gebetet und dann gestammelt: ‚Herr, warum ich?‘, worauf in meinem Innern eine Antwort hörbar wurde: ‚Du wirst grosse Sorgen mit Andreas haben.‘ Nach dem Verlöschen des Lichtes stand ich noch auf der Strasse, mein Verstand begann zu arbeiten, suchte nach einer Erklärung. Ich schaute ins Dorf zurück, auf die Strassen, ob nicht irgendwo ein Mensch unterwegs war, den ich fragen könnte, ob er das auch gesehen habe. Doch ich war allein. So fuhr ich nach Hause und erzählte das Erlebnis meiner Frau. Unser Sohn Andreas war damals 13 Jahre alt, besuchte das Gymnasium und war ein Junge wie seine Altersgenossen, ohne dass er uns zu besonderer Sorge Anlass gab.

In der folgenden Zeit dachte ich darüber nach, ob es nicht eine natürliche Erklärung geben könnte, doch ich fand keine. Mit dem Verstand konnte ich nicht folgen, aber mit dem ‚Herzenswissen‘. Dort erkannte ich unmittelbar, dass das Transzendente sich mir gezeigt hatte, mir armseligen sündigen Menschen. Es war der Anfang einer gnadenhaften Zeit, in der ich mich materiell in grösster Bedrängnis befand.

An einem der folgenden Sonntage waren wir in der Kirche. Einige Bänke rechts vor uns sass ein junger Mann, um dessen Haupt ich auf einmal Licht sah, Licht aus sich selbst. Ich kannte ihn kaum. Er ging dann zum Pult und hielt die Lesung, das Licht blieb um sein Haupt, bei jeder Bewegung folgte es ihm. Ich rieb mir die Augen, sah zur Seite und wieder zu ihm: das Licht war da, auch als er wieder in seine Bank ging. Bei einem nächsten Kirchgang leuchtete das Altarkreuz während des Gottesdienstes, immer grösser und strahlender wurde der umgebende Lichtschein. Wieder schaute ich weg, doch immer wieder zog es meine Blicke an – und leuchtete. Es war auch eine Schwingung dabei in mir, genauso wie bei der Lichtvision – Geborgenheit, tröstende Liebe.

Immer wieder am Sonntag leuchtete das Kreuz, nach einigen Wochen auch meiner Frau, und kaum wagten wir beide miteinander davon zu sprechen, nur ein paar Worte wie ‚Heute hat das Kreuz wieder ganz hell geleuchtet‘. Es nahm uns ganz in seinen Bann, so dass wir beide zeitweise nur zum Kreuz schauten. Der Pfarrer hat wohl etwas an uns bemerkt, denn er sagte einmal im Gottesdienst laut, es sollen sich alle an der Liturgie beteiligen und nicht ihre ‚Privatmeditation betreiben‘.

Das Licht sah ich in der Zeit von Ende Oktober bis Weihnachten 1961 oft auch zu Hause. Ein helles Wölkchen schwebte nachts im Schlafzimmer unter der Decke. Oft trieb es mich in dieser Zeit, nachts aufzustehen und zum Fenster zu gehen. Da hing ein helleuchtendes Wölkchen zwischen den Wipfeln der Kiefern, die unser Haus umgaben, und wenn ich zum anderen Fenster hinaus schaute, dann sah ich es dort deutlich zwischen den Wipfeln. Dabei immer das Gefühl der Geborgenheit, des Trostes, obwohl doch unsere wirtschaftliche Existenz fatal war.

Das Leuchten des Kreuzes und einzelner Gläubigen in der Kirche hielt die ganzen Jahre über an. Bei zwei Priestern kam das Leuchten bei der Wandlung wie leuchtende Zungen aus dem Haupt und von oben zum Haupt, dann ein ganzer Mantel von Licht. Einmal stand ich während der Messe im linken Seitengang und schaute zum Altar, als mich seitlich ein Aufleuchten aufmerksam machte, als ob Lampen eingeschaltet würden. Als ich hinsah, waren alle Kreuzweg-Stationsbilder mit einem hellen Lichtschein umgeben – wieder das Licht, das keinen Schatten wirft und aus sich selbst leuchtet. Mit dem Schauen dieses Lichtes war immer eine Erweiterung des Erkennens verbunden.

Einmal betrat ich mit meiner Frau in einer fremden Stadt eine evangelische Kirche. Da sah ich während der Schriftlesung die grosse Bibel leuchten – nicht den

21

Pfarrer. Meine Frau erlebte das gleiche, wie sie mir nach dem Gottesdienst sagte.» –
Soweit der Bericht von Erich Herrmann, mit dem ich in Maria Laach und im hessischen Benediktinerinnenkloster Engelthal in vielen Gesprächen mögliche Missverständnisse klären konnte. Im Brief, den er seinem Bericht beigab, schrieb er: «... Damals nach der Lichtvision bedrängte mich sehr der Gedanke, dass man das den Menschen mit-teilen müsste: Gott ist da, er sieht uns und unser Leid, er kümmert sich um uns! Es war sicher der Sinn unserer Begegnung, die kommen musste, so scheu ich auch sonst bin, dass ich Dir das jetzt alles anvertrauen kann. Du bist berufen, durch das gesprochene und geschriebene Wort den Menschen auf ihrem Weg zu Gott zu helfen; ich selbst kann das nicht ...»

*

Von grossen Lichtvisionen wurden in neuerer Zeit die von *André Frossard* weltweit bekannt. In seinem Buch [9] bekennt er, dass er nach einer ersten Begegnung von etwa 5 Minuten Dauer die Erscheinung 30 Tage lang hatte, vom 8. Juli 1934 an. Er sah mit wachen Augen «dieses Licht, das den Tag erblassen liess, diese Milde, die ich nie vergessen werde, und die mein ganzes theologisches Wissen ist». Bei Frossard, dem als atheistischen Marxisten die Begegnung mit Gott völlig überraschend geschah, wird deutlich, dass solche umwälzenden Ereignisse den Betroffenen «wie eine Lawine von hinten» überfallen können: «Um 17 Uhr 10 Minuten war ich auf der Suche nach einem Freund in eine kleine Kirche des Quartier Latin eingetreten und verliess sie um 17 Uhr 15 Minuten im Besitz einer Freundschaft, die nicht von dieser Erde war.

Ich war zwanzig Jahre, als ich eintrat. Als ich hinausging, war ich ein zur Taufe bereites Kind, das mit weit aufgerissenen Augen die Welt betrachtet, den bewohnten Himmel, die Stadt, die nicht ahnte, dass sie ihre Fundamente in die Luft gebaut hatte, die Menschen im prallen Sonnenlicht, die in der Dunkelheit zu gehen schienen, ohne den ungeheuern Riss zu sehen, der soeben den Vorhang dieser Welt geteilt hatte.

Ich verhehle mir nicht, dass eine Bekehrung dieser Art durch ihre Unvermitteltheit etwas Schockierendes, ja Unglaubwürdiges für unsere Zeitgenossen an sich hat, die die Wege des Intellekts den mystischen Blitzen vorziehen und immer weniger das Eingreifen des Göttlichen in das tägliche Leben gelten lassen.»

*

Im Sommer 1975 erlebte ich ein überraschendes Licht-Phänomen im Wald. Ich sah plötzlich, an einem kleinen Hang sitzend, nach tiefer Meditation die umstehenden Sträucher in fliessendem Gold, dunkler als Sonnenlicht, in einer wunderbaren Bewegung, als würde jedes einzelne Blatt von Gold tropfen. Ich traute meinen Augen nicht, schloss sie, um nach erneutem Hinschauen das gleiche fliessende Gold zu erblicken, bis der Wald wieder das übliche Bild bot – ich weiss nicht, ob die Lichterscheinung zwei Minuten dauerte oder länger.

Die Aura

Einmal sah ich die Aura eines Menschen. Sie umgab als lebendige Strahlung von weisslichem Glanz die ganze Gestalt des Kapuzinerpaters V., als er am 19. September

1976 in der Franziskuskirche zu K. predigte. Mein Freund, der Maler Karl Langenstein aus Kleinsteinbach bei Pforzheim, sieht häufig die Aura. Sie sei je nach der Gemütslage der Menschen verschiedenfarbig, von lichtem Weiss und Gelb bis Dunkelorange oder Grau.

Wilhelm Moufang[10] bezeichnet den Menschen als «ein strahlendes Wesen, dessen Lichtwirkung, je mehr er geistig entwickelt ist, um so stärker durchbricht und unter besonderen Umständen auch von profanen Augen, von Nicht-Hellsehern wahrgenommen werden kann. Die katholische Heiligengeschichte enthält manches hierher gehörende Zeugnis ...»

Über eine persönliche Erfahrung mit der Aura, die unlösbar mit ihrer physischen Erscheinung verbunden zu sein scheint, berichtet Gerda Walther[11]: «Beim Betreten des vegetarischen Restaurants ,Freya' in München spürte ich einmal eine besonders schöne, intensive blaue Aura, die den ganzen Raum zu durchdringen schien. Ich suchte festzustellen, von wem sie ausging, und entdeckte nun erst einen mir völlig unbekannten Inder als die zu der Aura gehörige Person. Nach längerer Zeit ,sah' ich beim Betreten desselben Restaurants wieder diese Aura und suchte nun nach dem Inder, den ich dann auch entdeckte ... Das aurische und physische Sehen müssen demnach also doch voneinander verschieden sein ...»

Nicht nur die Wissenschaft empfand es als eine Sensation, als bekannt wurde, dass die Aura auch fotografiert werden kann. Dem russischen Forscher-Ehepaar Kirlian gelang dies, eine Entdeckung, deren Bekanntgabe 25 Jahre lang verhindert worden war. Nach Arthur Fords Meinung haben die Kirlians «uns einen Weg geöffnet, das Unsichtbare zu sehen ... Die Lösung des Rätsels könnte unsere gesamte Auffassung von uns selbst und von unserem Universum revolutionieren.

24

Es hat den Anschein, dass die Kirlians weit mehr entdeckt haben als lediglich die Fotografierbarkeit der Aura!»[12]

Ein weiterer Schritt gelang dem japanischen Forscher Dr. Hideo Uchida, der ein neuartiges Messverfahren entwickelte, mit dessen Hilfe die Aura physikalisch nachweisbar ist. Nach einem Bericht der «Esotera»[13] zeigte sich bei den in Zusammenarbeit mit medial veranlagten Personen erfolgten Untersuchungen, dass die mit dem Aura-Messgerät festgestellten Werte genau mit den optischen Beobachtungen übereinstimmten. Gestalt und Grösse der Aura wechseln mit der Tageszeit und sind darüber hinaus jahreszeitlich bedingt, aber es spielen auch andere äussere Umstände – wie etwa der Einfluss des Wetters – eine Rolle, ausserdem das gesundheitliche und psychische Allgemeinbefinden der Versuchsperson. Auch Gefühle und sogar Denkvorgänge seien in der Aura deutlich erkennbar. In der Spannung zwischen solchen messbaren Werten und dem Unmessbaren des mystischen Lichtes bewegt sich unser Fragen. Auf manches, das vor wenigen Jahrzehnten oder noch vor Jahren sich geheimnisvoll verhüllte, ist inzwischen das immer mehr verstärkte Licht unserer Apparate gefallen, vieles aber entzieht sich weiter unseren Blicken. Selbst Phänomene, die in ihrer Erscheinungs- oder Wirkweise erkannt sind, bleiben weiterhin im Zwielicht, so auch die Aurafotografie, von der Gerda Walther schreibt, dass alle Definitionen der Farben nur als Hinweise, als Analogien, keinesfalls wörtlich genommen werden dürfen.

STIMMEN, RUFE, SPHÄRENMUSIK

Immer hat Gott den Menschen gerufen, wie er vorher
schon die Dinge rief, denn er *sprach:* «Es werde . . .»
Adam, wo bist du? war sein fragender Ruf nach der
ersten Sünde. Das ganze Alte Testament hindurch
spricht er zu seinem Volk, ruft, mahnt, warnt. Einer,
der junge Samuel, hat beispielhaft für alle geantwortet:
«Rede, Herr, Dein Diener hört!» Im Neuen Bund
ertönt aus der Höhe über dem Verklärten auf dem
Tabor die Stimme Gottes, der den drei Zeugen der Ver-
herrlichung Jesus als seinen geliebten Sohn offenbart.
Seitdem hat der zur Heilung und Heiligung der Menschen ausgesandte Erlöser nicht aufgehört, zu seiner
Nachfolge zu rufen. Sein «Folge mir!» ist nicht mehr
verstummt in der Geschichte, und jede Berufung zu
seinem Dienst, nicht nur zu Priesteramt und Mönchs-
tum, sondern zu jeder Pflicht, Aufgabe und Verantwortung, ist ein solcher Ruf zur Nachfolge. Er erfolgt meist
leise, wie der Ruf des Kindes im Garten an Augustinus
(«Nimm und lies!»), manchmal aufrüttelnd wie ein
Donner oder in der Form eines grossen Gesangs, wie
die Weise des Magnificat, die Paul Claudel am Weih-
nachtsabend des Jahres 1886 in Notre-Dame in Paris so
tief bewegt hatte, dass er von da ab ein leidenschaft-
licher Verkünder des Reiches Gottes wurde. Er nannte
dieses für ihn wie für alle anderen völlig unerwartete
Ereignis seine «Bekehrung» und beschrieb es später mit
den Worten: «In einem Augenblick wurde mein Herz
berührt, und ich glaubte.» Musik wurde hier zum Mittel und Werkzeug der Gnade.

Man darf an dieser Stelle an Blanche de la Force erinnern, die Letzte am Schafott,[14] die beim Gesang ihrer in den Tod schreitenden Mitschwestern aus zitternder Angst zur hingebenden Grösse des Martyriums aufwuchs: «... ihr kleines, blasses, zusammengedrücktes Gesicht brach gleichsam aus seiner Umgebung hervor, warf sie von sich ab wie ein Tuch – ich erkannte dieses Gesicht in jedem Zug wieder, und doch: ich erkannte es nicht wieder – es war völlig furchtlos: sie sang. Sie sang mit ihrer kleinen, schwachen, kindlichen Stimme ohne jedes Zittern, nein, jubelnd wie ein Vögelchen; sie sang ganz allein über der grossen, blutigen, schrecklichen Place de la Révolution das VENI CREATOR ihrer Schwestern zu Ende.»

Die innere Stimme

Der Anruf, der die Erwählten erreicht, wird immer als von innen kommend erklärt. Die 1977 seliggesprochene Ordensfrau Maria *Droste zu Vischering* (1863–1899) beschrieb ihre erste mystische Christus-Begegnung, die ihr am Herz-Jesu-Fest des Jahres 1884 geschah: «Ich hatte soeben kommuniziert und war aufs innigste vereint mit dem Herrn und ausser mir von den Wonnen seines heiligsten Herzens, als er mir sagte, nicht mit einer Stimme, die in meinen Ohren widerhallte, sondern mit jener inneren Stimme, die ich damals nicht kannte und die mir heute so vertraut ist: ,Du sollst die Braut meines Herzens sein.'»

Später äusserte sie einmal: «Er hat verschiedene Weisen, sich mitzuteilen. Gewisse Worte kann ich niemals vergessen. Einige derselben beziehen sich auf die Gegenwart, auf die jetzigen Pflichten, andere sind belehrend für das ganze Leben, einige jedoch erfüllen sich erst nach langer Zeit, ohne dass die Seele bei der Gelegenheit, da sie dieselben hört, weiss, wie sie sich verwirklichen werden. Nur die Gewissheit hat sie, dass der Herr die Worte spricht und dass sie in Erfüllung gehen werden ... Doch niemals sah ich etwas mit den leiblichen Augen, noch hörte ich etwas mit dem leiblichen Ohr; alles geht innerlich vor sich. Es ist, als wenn eine Stimme spräche, und man sie im Herzen höre und zugleich mit dem Verstande.»

Die Geschichte der Heiligen weiss von Ekstatikern, die ihren inneren Jubel singend zum Ausdruck bringen mussten, so die selige *Christina von Stommeln* (1242–1312), von der Görres[15] schreibt: «Sie sang mit so lieblicher Stimme, dass es mehr Sang eines Engels denn eines Menschen zu sein schien. Er war so wunderbar anzuhören, dass er nicht bloss den Klang aller Instrumente, sondern auch jeder Menschenstimme übertraf. Und doch war das Singen nicht vergleichbar der Stimme, die im ekstatischen Zustande ihr aus dem Innern der Brust ertönte. Sie hatte übrigens in ihrer Jugend nicht den mindesten Unterricht erlangt und verstand doch das Lateinische, das sie gesungen.»

Musik in der Todesstunde

Von Mystikern und Heiligen, aber auch von anderen wissen wir, dass sie in ihrer Todesstunde himmlische Musik vernahmen, der sie mit verzücktem Gesicht lauschten. *Jakob Böhme* rief – nach einem Bericht Abrahams von Frankenberg[16] – an seinem Sterbetag bald nach Mitternacht seinen Sohn Tobias zu sich und fragte ihn, ob er die schöne Musik höre, und als dieser verneinte, gebot er ihm, die Türe zu öffnen, um den Gesang deutlicher vernehmen zu können.

Von dem englischen Mystiker und Maler *William Blake* (1757–1827) ist bekannt, dass er am Tage seines Todes seinem Schöpfer Lieder komponierte und sang; seiner von dem Gesang entzückten Frau erklärte er, dass die Melodien nicht von ihm stammten. Auch Todesankündigungen durch Musik sind bekannt. Vor Goethes Tod erklang Musik in der Wand, wo der Dichter sass. Zuerst hörte Fräulein von Pogwisch diese Geistermusik, als sie einmal die Treppe hinaufging. Sie fürchtete sich so sehr, dass sie umkehrte und durch einen anderen Aufgang ins Zimmer zu gelangen suchte: aber auch da tönte ihr Musik entgegen. Nun nahmen auch die anderen Hausbewohner wahr, dass leise Töne in feinen Melodien aus den Wänden quollen.[17]

Da es sich um Manifestationen reiner Ordnungen handelt, kann man ihnen nicht einfach mit der Etikette «Spuk-Phänomene» gerecht werden. In unserem Jahrhundert haben allem Anschein nach die bekannt gewordenen Fälle zugenommen. Dr. Schwarz[18] veröffentlichte einen Bericht, der dem Leser etwas von dem Faszinierenden des Vorgangs zu vermitteln vermag: «Im Jahre 1933, in einer Nacht zwischen zwei und drei Uhr, erwachte ich plötzlich an einem wunderbaren, mehrstimmigen Kindergesang. Ich hatte einen so schönen Gesang noch nie gehört. Ich richtete mich im Bett auf, weil ich zunächst glaubte, der Gesang komme von draussen. Es war Sommer, das Fenster stand weit offen. Bald wurde mir aber bewusst, dass der Gesang nicht von aussen kommen konnte; er war ganz nahe bei mir und klang langsam aus. Ich war vollkommen wach. Eine beseligende Stimmung ergriff mich und hielt mich noch lange wach.

Am Tage darauf erreichte uns durch Telegramm die Nachricht vom Tode eines in Offenburg wohnenden Onkels, von dem ich nicht wusste, dass er krank ge-

wesen war. Sogleich brachte ich mein Erlebnis mit diesem Todesfall in Verbindung. Meine Schwester fuhr
zur Beerdigung und erzählte mein Erlebnis der Frau
meines Onkels. Diese sagte ihr, dass es sehr merkwür-
dig sei, da noch zwei weitere Personen genau dasselbe
gehört hätten. Es war genau um die Todesstunde. Mein
Onkel war ein sehr frommer Mann, guter Katholik,
nicht nur nach aussen.»

Der katholische Parapsychologe Josef Kral[19] berichtet
vom Erlebnis eines Oberstudiendirektors Dr. L. in
München, der ihm folgendes mitgeteilt hatte: «Als
meine Grossmutter starb, fing mitten in der Nacht
mein Klavier an, das ,Ave verum' zu spielen und spielte
es bis zum Ende durch, obwohl meine Grossmutter
keine Klavierspielerin war und das ,Ave verum' wahrscheinlich gar nicht kannte.» Dr. L. wusste nichts von
ihrer Erkrankung. Erst am übernächsten Tage erfuhr er,
dass sie in jener nächtlichen Stunde gestorben war.
Auch seine Geschwister hatten das Klavierspiel gehört
und gesehen, wie der Klavierdeckel auf- und zuge-
macht wurde.

Bedeutende Komponisten erkannten manchmal in
den Ekstasen ihres Schaffens Eingebungen aus der
anderen Welt, so Mozart, Schubert, Grieg und andere.
Beethoven zeigte sich – in einem Brief von 1824 an
I. A. Stumpf – fest davon überzeugt, «dass kein Erd-
geborener je die himmlischen Bilder, die seiner aufge-
regten Phantasie in glücklichen Stunden vorschweb-
ten, durch Töne, Worte, Farbe oder Meissel darzu-
stellen imstande sein wird». Und Johannes Brahms[20]
bekannte, dass er sich beim Schaffen in einem trance-
ähnlichen Zustand befinde, in einer Schwebe zwischen Schlaf und Wachen. In solchen Augenblicken
strömten die schöpferischen Ideen ein. Sie rührten von
Gott her und seien die gleiche Kraft, die unsere Erde
und das ganze Weltall schuf.

Weiter schreibt er: «Nachdem ich meine Gedanken auf den Schöpfer gerichtet habe, fühle ich plötzlich Schwingungen, die mein ganzes Wesen erfüllen... Die Ideen, die ich bewusst suchte, fliessen mir mit einer solchen Kraft und Geschwindigkeit zu, dass ich nur einige wenige davon festhalten kann.»

Von dieser intuitiven Kraft unterscheidet sich das telepathische Fern-Hören, mit dem August Strindberg begabt war. In seinem «Blaubuch»[21] schreibt er von der Aufführung eines seiner Dramen in Helsingfors: «Ich hörte das Beifallklatschen nach meiner Premiere. Das Gespräch der Leute nach Schluss der Aufführung im Restaurant äusserte sich als Läuten in den Ohren. Das kann ich auch von Deutschland hören, wenn ich dort eine Premiere habe; trotzdem ich nicht im voraus weiss, dass ich gespielt werde. Eines Abends hatte ich mich um halb zehn schlafen gelegt, erwachte um halb zwölf bei einem Duft von Punsch und Tabak und dem Eindruck, dass zwei Bekannte in einem Café über mich sprachen. Ich hatte alle Veranlassung zu glauben, ich sei in irgendeiner Weise zugegen, war aber an diese Erscheinung so gewöhnt, dass ich sie dieses Mal nicht nachprüfte.»

Das Telefon als Mittler

Frau Liesel Schroeter in New York hatte einen alten Bekannten, einen einsamen Junggesellen, der ihr in ihren ersten schweren Jahren in der Neuen Welt manchen guten Rat gegeben hatte und der sich ihr, da sie sich später ein wenig um ihn kümmerte, seelisch tief verbunden fühlte. Seit vielen Jahren aber hatte sie ihn in der Hast des New Yorker Alltags und im Drang ihrer Berufsgeschäfte vergessen. Eines Abends aber spürte

31

sie plötzlich einen unerklärlichen und unwidersteh-
lichen Drang, den vergessenen Freund anzurufen.
Sofort beim ersten Klingelzeichen meldete er sich, als
habe er auf den Anruf gewartet, und sie fühlte aus der
Bewegtheit seiner Stimme, wie sehr es ihn freute, nicht
ganz vergessen zu sein.
Eine Weile sprach sie, als plötzlich keine Antwort
mehr kam. Sie sprach lauter, dringlicher, hörte aber
nur immer, auch nachdem sie die Verbindung unter-
brochen und neugewählt hatte, das eintönige Ticken,
aus dem ihr deutlich wurde, dass der Freund den Hörer
nicht aufgelegt hatte. Sie wurde unruhiger, verstän-
digte das Amt und bat, den Hausmeister zu benachrichtigen, dessen Name und Telefonnummer ihr aber
nicht bekannt seien. Die Telefonistin erklärte kurz,
dass sie im gleichen Haus wohne und den Hausmeister gut kenne. Er wurde verständigt, und kurz darauf
erfuhr Frau Schroeter, dass ihr Bekannter am Telefon
einem Herzschlag erlegen sei. – So hatte er also die
lange entbehrte Freundin in seiner Todesstunde gleichsam gerufen.
Man darf hier an Marilyn Monroes Freitod erinnern.
Als man sie fand, war ihr Telefon ausgehängt. Erne-
sto Cardenals, des lateinamerikanischen Trappisten
«Gebet für Marilyn Monroe»[22] schliesst bedeutungs-
voll:

Man fand sie tot in ihrem Bett,
den Hörer in der Hand.
Und die Detektive wussten nicht,
mit wem sie sprechen wollte.

Herr, wer es auch sei, den sie anrufen wollte
und nicht erreichte,
vielleicht war es auch niemand
oder jemand, dessen Nummer nicht im Telefonbuch
von Los Angeles stand,
nimm Du den Hörer ab!

*

Als ich einmal mit geschlossenen Augen mich tief in Meditation befand, schreckte mich das Schrillen des Telefons jäh aus der Versenkung. Ich sprang auf und sah in diesem Augenblick zu meinem Entsetzen, dass die Fotografie meiner Mutter lichterloh brannte; sie stand dicht neben Stössen von Papier auf dem Schreibtisch. Die herabgebrannte Kerze, deren Docht umgefallen war, hatte das Bild erfasst, und wenn nicht ein Freund in diesem Augenblick mich angerufen hätte – er pflegte sich sonst nie um diese Zeit zu melden –, wäre sicher ein Brand entstanden.

*

Wilhelm von Scholz berichtet in «Der Zufall und das Schicksal»[23]: «Ein Bankbeamter in New York hörte in tiefer Nacht das Klingelzeichen, das Mühe gehabt hatte, in seinen Schlaf einzudringen, und sich dort erst in Träume verspann. Der Mann konnte sich kaum ermuntern und merkte, als er schliesslich wach geworden, schweren Schwindel, Kopfschmerzen, Übelkeit. Mit Anstrengung stand er auf, tappte taumelig zum Apparat, erfuhr dort nur, dass der Anruf ihn nicht betreffe, und fasste in dem ihn beunruhigenden Dämmerzustand, dem er sich nicht zu entreissen vermochte, den Entschluss, seine Frau zu wecken, ehe er schlaftrunken sich wieder ausstrecken wollte. Er fand die Frau nicht schlafend, sondern in voller Bewusstlosigkeit, wurde in seinem Schrecken nun heller wach,

spürte Gasgeruch, nahm alle Energie zusammen, öffnete die Fenster und telefonierte der Polizei. Es gelang,
das Ehepaar mit den Kindern am Leben zu erhalten.
Mittels Sauerstoffapparates brachte man die schon tief
Betäubten ins Bewusstsein zurück. Die falsche Tele-
fonverbindung hatte Eltern und Kinder gerettet.»

Der Tod wird angekündigt

Durch einen inneren Anruf wird manchmal einem
Menschen Kunde vom Tode eines ihm seelisch oder
blutsmässig Nahestehenden. Pater M. K. in Beuron
erzählte, dass er eines Nachmittags, als er mit Pater C.
von der Abtei zum Jägerhaus ging, von seinem Mitbruder gefragt wurde, warum er auf einmal so still und
schweigsam sei. Er entgegnete: «Sprechen Sie ruhig
weiter! Noch ein paar Minuten, bitte, dann will ich
Ihnen antworten!» Sie schritten weiter. Nach einer
Weile sagte Pater M.: «Jetzt ist mein Vater gestorben.
Es ist Viertel vor fünf Uhr.»
Als sie später ins Kloster zurückkehrten, hielt der
Bruder an der Pforte den Pater an, um ihm einen
zusammengefalteten Zettel zu überreichen. «Ich weiss
schon», sagte Pater M., «ich weiss, was Sie da auf-
geschrieben haben: Um Viertel vor fünf Uhr ist mein
Vater gestorben!» Der Pförtner war höchst erstaunt,
Pater C. aber zeigte sich bestürzt, weil er bereits eine
Stunde vorher die Kunde vernommen hatte, ohne
daran zu glauben. Jetzt hatte er eine Bestätigung.

*

Frau Ottilie Neumann aus Berlin-Neukölln hatte
wenige Tage vor dem Tode ihrer Mutter ein aufrütteln-

des Erlebnis: «Ich machte einen Besuch im Grunewald, bei einer mir bekannten älteren Dame. Es war vereinbart, dass ich über Nacht blieb. Gegen 11 Uhr hatten wir uns zur Ruhe begeben. Um 3 Uhr morgens – ich hörte eine Standuhr schlagen – wurde ich mit meinem Familiennamen laut angerufen; ich kam aus tiefstem Schlaf und glaubte zu träumen, erschrak aber, als sich der Anruf wiederholte.

Ich schlief bei weit geöffnetem Fenster und nahm wahr, dass dieser Ruf aus überirdischem Raum kam. Ich war in Schweiss gebadet, als sich der Ruf ein drittes Mal wiederholte. Zutiefst erregt, konnte ich nicht mehr einschlafen. Ich fuhr mit der ersten S-Bahn nach Hause und war glücklich, dass meine Mutter mir gesund die Türe öffnete. Ich berichtete von meinem Erlebnis.

Erst acht Tage später erkrankte meine Mutter plötzlich und sehr schwer – Herzlähmung. Nach drei Tagen sagte sie zu mir: ,Mein Kind, ich muss gehen, der Herr hat mich gerufen!' Noch in der gleichen Woche verliess sie uns. Zur gleichen Stunde, als sie zur Ruhe gebettet wurde, war Sonnenfinsternis.»

Anruf im Schlaf

Mrs. H. Sartorius in Heidelberg litt 8 Jahre lang an schwerer Arthritis deformans, am Hüftgelenk und an der Wirbelsäule. Nie war sie ohne Schmerzen, obwohl sie ständig Mittel nahm. Die letzte Zeit konnte sie ohne Begleitung nicht mehr aus dem Hause gehen, da sie mehrere Male gestürzt war. Die Ärzte konnten ihr keine Hoffnung mehr auf Heilung geben, im Gegenteil, sie eröffneten ihr, dass das Übel fortschreitend sich verschlimmern würde.

Seit Jahren hatte die Frau um Befreiung von ihrem Leiden gebetet, aber immer in der Haltung: Nicht wie ich will, sondern wie Du willst! Am 21. Februar 1955 war sie in ihrer Wohnung eingeschlafen. Da vernahm sie den Anruf, aufzustehen und sich zu bücken. Man muss wissen, dass auch das geringste Bücken für Frau H. S. bis dahin äusserst schmerzlich, ja fast unmöglich war. Aber sie gehorchte, ohne Zögern, ohne Fragen. Es war ihr, als fühle sie eine Hand auf ihrem Nacken, die sie sanft, aber doch entschieden langsam niederdrückte. «Tiefer! Tiefer!» Und die Frau bückte sich, bis sie mit den Händen den Boden berühren konnte. Dann erhob sie sich, und von diesem Augenblick an war sie gesund. Sie ist völlig schmerzfrei, benötigt keine Medikamente mehr, ohne die sie bis dahin nicht leben konnte, und geht wieder umher wie vor ihrer Krankheit. Die Ärzte, denen sie sich zeigte, standen, wie ihr Mann, vor einem Rätsel. Sie halten diese plötzliche Heilung, die bis heute angehalten hat, im Bereich des Natürlichen für unerklärbar.

*

Frau M. Rösler in Münster wachte in einer Nacht des Zweiten Weltkrieges plötzlich mit einem Schrei auf. Von Unruhe getrieben, stand sie auf und ging um das Haus. Es war in der Morgendämmerung, 3 Uhr. Am nächsten Tage erzählte sie, dass zu dieser Stunde ihrem Sohn an der russischen Front etwas zugestossen sein müsse. Die Unruhe wich nicht von ihr, bis nach zwei Wochen der Sohn völlig unerwartet auf Urlaub nach Hause kam.
Was war in jener Nacht geschehen, als die Mutter mit einem Schrei erwachte? – Der Sohn erzählte, er habe in vorderster Linie auf Wache gestanden. Von Müdigkeit überwältigt, war er, den Kopf auf den Grabenrand

gestützt, eingeschlafen. Plötzlich habe er die Mutter laut rufen hören «Hannes, steh auf!» (mit diesem Ruf pflegte sie ihn, als er noch ein Schulkind war, zu wecken). Erschreckt fuhr er hoch und erblickte auf dem Grabenrand einen Russen, der gerade im Begriff war, seinen Gewehrkolben auf den Kopf des Deutschen niedersausen zu lassen. Hannes duckte sich blitzschnell, fiel zurück, schlug Alarm und verhinderte so den Einbruch der Russen in die Stellung. Zum Lohn erhielt er einen kurzen Sonderurlaub.

*

Es gibt bei den unzähligen Fällen von mentalem Kontakt, die sich in den spannungsgeladenen Kriegsjahren häuften, auch Begebenheiten, die dem Soldaten an der Front ein gefährliches Erlebnis in der Heimat melden. So erzählte mir Friedrich-Wilhelm Richter aus Troisa, dass er im Herbst 1944 in seinem Unterstand in Ostpreussen plötzlich von seinem eigenen Schrei «Ja, was ist denn?» aus tiefem Schlaf aufschreckte. Er notierte sich Datum und genaue Stunde und teilte seiner Frau das merkwürdige Erlebnis mit. Aus ihrem Antwortbrief erfuhr er, dass in der gleichen Stunde eine Fliegerbombe sein Haus getroffen habe. Mutter und Sohn waren gerade auf dem Weg in den Keller; sie wurden durch den Luftdruck mit der nach innen eingedrückten Kellertür zu Boden geschleudert, kamen aber mit dem Schrecken davon.

Woher kam der Ruf?

In «Zufall und Schicksal» veröffentlichte W. von Scholz den Bericht eines Herrn Goessmann, der im Felde Leutnant war: «Sternklare Frühlingsnacht im vordersten Kampfgraben in Französisch-Flandern. Ich sitze im Unterstand. Von draussen her höre ich den Ruf: ,Leutnant Goessmann zum Kompanieführer.' Ich komme heraus und frage den Posten, ob er gerufen habe. Nein, er hat weder gerufen noch etwas gehört. Also Irrtum! Ich gehe in den Unterstand zurück. Es ist ziemlich ruhig, nur ab und zu heult eine Granate heran oder belfern die englischen MGs. Nach kurzer Zeit wieder der Ruf: ,Leutnant Goessmann zum Kompanieführer!' Ich komme heraus. Der vor meinem Unterstand stehende Posten hat gerufen; der Ruf sei durch die Postenkette von rechts gekommen. Ich gehe zum Kompanieführer, finde ihn am Ende der Kompanie und melde mich. Der macht ein erstauntes Gesicht, er habe mich nicht rufen lassen. Also, wieder falsch! Ärgerlich gehe ich zu meiner Behausung zurück. Mein Bursche kommt mir aufgeregt entgegen und zieht mich zu meinem Unterstand. Ein Granatvolltreffer hat ihn vollständig zerstört. Wäre ich nicht fortgegangen, ich wäre nicht mehr! Während ich vor den Trümmern stehe, schiesst mir der Gedanke durch den Kopf: Wer hat dich denn rufen lassen, wenn es der Kompanieführer nicht gewesen ist? Ich stelle fest: Die Posten stehen sämtlich noch wie bei meinem Weggange. Ich befrage sie. Der Posten vor meinem Unterstand hat den Ruf von rechts gehört, der nächste Posten ebenfalls, der übernächste Posten hat weder etwas gehört noch hat er gerufen, ebenso die anderen Posten. Woher kam nun der Ruf, der mir zweifellos das Leben rettete?»

*

Während des Russlandfeldzuges, 1941, sagte P. M. eines Tages zu seinem Stabsarzt: «Mein Bruder Paul ist verwundet. Für ihn ist der Krieg aus!» Auf die Frage des

Stabsarztes, woher er denn das wissen könne, da doch keine Post angekommen sei, schüttelte er nur die Schultern. Vierzehn Tage später erhielt er von seinem Bruder persönlich die Nachricht, dass er am rechten Oberarm verwundet wurde; es war genau zu dem Zeitpunkt, den der weit zurück bei den Sanitätern weilende Bruder genannt hatte.

Zu der gleichen Zeit hatte der Vater des Verwundeten zu seiner Tochter gesagt: «Der Paul hat mir gerufen!» Auf die erschrockene Frage des Mädchens «Es wird doch nichts passiert sein?» sagte er nur: «Vielleicht doch ...»

«Das ist das Ende»

Fräulein Thilde H. in K. erzählte mir am 8. Dezember 1955, sie sei gestern früh gegen halb 6 Uhr plötzlich aufgewacht, wie sie glaubte, an den Schritten einer Mieterin im Zimmer über ihr. Gleich darauf war ihr, als stürze das ganze Haus zusammen; sie vernahm Splittern, Krachen, Poltern von Balken und Brechen von Mauern. Es war ihr zumute wie an einem Abend im Kriege, als eine schwere Bombe das Haus traf, in dessen Keller sie sich aufhielt: «Das ist das Ende!» Als sie dann genauer hinhorchte, merkte sie, dass alles totenstill war. Aber sie konnte nicht mehr einschlafen. Um 8 Uhr drehte sie den Radioapparat an. Da vernahm sie zu ihrem Erstaunen die Meldung, dass in Frankfurt am Main ein vierstöckiges Haus mit 32 Bewohnern eingestürzt war, zur gleichen Zeit, als sie das Poltern und Krachen vernommen hatte.

Ein unerklärliches Phänomen hatte ich gemeinsam mit meiner Frau im Herbst 1962 in unserer Wohnküche. Es tickte unablässig an einer Wand. Da wir wussten, dass es nicht von der anderen Seite kommen konnte, suchten wir nach der Ursache. Schliesslich fanden wir ein kleines Bild, dem die Geräusche am nächsten waren. Wenn wir es von der Wand nahmen, hörte das Ticken auf, es begann aber sofort wieder, wenn es an seinem Platze hing. Das ging einige Abende so (nur abends war das Ticken zu hören). Bis ich eines Tages zu vorgerückter Stunde wie auf inneres Geheiss das Engelgedicht niederschrieb, mit dem ich mich schon lange trug. Von da ab war das geheimnisvolle Ticken nicht mehr zu vernehmen.

*

Zum Schluss noch eine Notiz aus meinem Tagebuch: «Nach Wochen einer lähmenden Gleichgültigkeit und Gottesferne heute früh (7. August 1956) durch einen furchtbaren Donnerschlag aus tiefem Schlaf aufgeschreckt. Es ging wie ein greller Blitz durch mich hindurch. Ich sprang mit wildem Herzklopfen auf und lief zur offenen Balkontüre, um sie zu schliessen, denn ich glaubte, es tobe ein schweres Gewitter unmittelbar über uns. Aber draussen war alles still, totenstill. Der Himmel war grau verhüllt, kein Lufthauch regte sich. Da wusste ich, dass dieser Donnerschlag nicht von aussen kam. Es war ein Weckruf, Warnung, Mahnung. Lange lag ich noch wach und überdachte die Wege der Weisheit Gottes.»

HILFE DES HIMMELS ODER ZUFALL?

Was wir Zufall nennen, ist
vielleicht die Logik Gottes.
Bernanos

Von Rettung aus Bedrohungen und Gefahren sowie überraschenden Wendungen in aussichtsloser Lage gibt es zahllose Beispiele. Was manchem als Zufall oder bestenfalls als Telepathie erscheint, wird für gläubige Menschen zu bewegender religiöser Erfahrung, manchmal von lange nachwirkender Kraft. Solche Geschehnisse häufen sich in krisenhaften, aufgewühlten Zeiten, in denen die Hilflosigkeit des Menschen schweren Schicksalsschlägen gegenüber offenkundig wird. Oft sind es Ankündigungen oder Warnungen, manchmal überraschende Fügungen und Weisungen. Durch sie wird im Menschen, der Hilfe erfuhr, das Vertrauen gestärkt, dass er nicht erbarmungslosen Zufällen preisgegeben, sondern in der Hand Gottes ist. Ein so hoher Geist wie der Philosoph Kant konnte sogar sagen, dass die Vernunft sich mit Recht entrüstet bei dem Gedanken, alles nur dem Zufall zuzuschreiben.

Der kritische Beobachter kann natürlich manche Geschehnisse oder Begegnungen «Zufall» nennen. Beweisen lässt sich das ebenso wenig wie das andere. Es ist der Wahn unserer einseitig wissenschaftsgläubigen Zeit, alles und jedes beweisen zu wollen. Und wo das nicht möglich ist, wird analysiert und diskutiert, bis alles zerredet ist. Aber die von aussersinnlichen Wahrnehmungen Betroffenen – sie waren immer betroffen, im Innersten getroffen – würden rationalen Argumenten nicht zugänglich sein. Sie allein wissen um das Ungewöhnliche des Geschehens, das sie überfallen

41

hatte. Und wer, ausser ihnen selbst, weiss um den in höchster Gefahr ausgestossenen Schrei zu Gott, weiss um Erhörung, um erfahrene Hilfe?

Ein Fall ist so ungewöhnlich, so überzeugend, so erschütternd, dass wir mit ihm die Reihe der Beispiele dieses Kapitels eröffnen wollen. Es handelt sich um den jungen Russen Sergei Kourdakov, der als Kommunist und Atheist mehr als 150 Razzien auf christliche Versammlungen durchführte. Er musste lange und schreckliche Umwege machen, vom Rauschgifthändler, Führer der kommunistischen Jugendliga und Leiter einer brutalen Schlägergruppe, die auf Gläubige angesetzt war, bis er im Gebet Gottes Macht und Erbarmen erfuhr. Vor der kanadischen Küste war er von einem sowjetischen Trawler abgesprungen, um in die Freiheit zu schwimmen. Er war in der Dunkelheit im Kreise geschwommen, kam in schwerste Bedrängnis und glaubte, seine letzte Stunde sei gekommen. Er schreibt [24]: «Dreimal hatte ich vor dem leblosen Körper von Lenin in Moskau gekniet und inbrünstig zu ihm gebetet. Er war mein Gott und mein Lehrer. Doch jetzt, in meinen letzten Minuten, wandte sich mein Geist an den Gott, den ich nicht kannte. Fast instinktiv betete ich: ,O Gott, ich bin niemals glücklich auf dieser Erde gewesen. Und wenn ich jetzt sterbe, dann nimm meine Seele bitte in dein Paradies auf. Vielleicht hast du dort ein bisschen Glück für mich, o Gott. Ich bitte dich nicht darum, meinen Körper zu erretten. Doch wenn er jetzt auf den Grund des Meeres sinkt, dann nimm bitte meine Seele zu dir in den Himmel, bitte Gott!' Ich schloss meine Augen und glaubte fest, dass dies das Ende sei. ,Jetzt bin ich fertig', sagte ich mir, ,jetzt kann ich schlafen.' Ich entspannte mich und gab meine Schwimmbewegungen auf. Mein Kampf war vorüber. Langsam, ganz langsam aber fühlte ich jetzt etwas Seltsames mit mir geschehen. Obwohl ich jedes Quentchen Energie verbraucht hatte, fühlte ich neue Kräfte in meine müden Arme steigen. Ich fühlte die starken und liebenden Arme des lebendigen Gottes wie eine himmlische Boje! Ich war kein Gläubiger. Ich hatte niemals zuvor zu Gott gebetet. Aber in diesem Augenblick fühlte ich deutlich neue Kraftreserven in meinem schlaffen, kalten und nassen Körper. Ich konnte wieder schwimmen! Meine Arme, die noch vor wenigen Minuten schwer wie Blei gewesen waren, fühlten sich wieder stark genug, mich bis ans Ufer zu bringen! Ich war jetzt seit fast viereinhalb Stunden im Wasser. Das Merkwürdigste allerdings war, dass ich auf einmal wusste, welche Richtung ich einschlagen musste! Selbst wenn mich die Wellen hierhin und dorthin warfen, so war ich mir stets der Richtung bewusst, in der das Land liegen musste.»

Den Schluss seines Buches, in dem er seine wunderbare Errettung schildert, bildet eine für unsere Betrachtung interessante Bewertung des Gebetes aus der Sicht des Computers, der Wissenschaft: «Während meiner Wochen im Gefängnis (nachdem er die kanadische Küste erreicht hatte, musste er sich strengen Untersuchungen unterziehen) war ein Regierungsbeamter zu mir gekommen und sagte etwa in dem Sinne: ‚Herr Kourdakov, wir haben Ihre Geschichte sorgfältig von Anfang bis Ende nachgeprüft. Wir haben all Ihre Angaben in einen Computer gegeben, der besonders darauf programmiert ist, Analysen zu stellen. Wir haben dabei die Wassertemperatur berücksichtigt, die Richtung und Stärke des Windes, die enorme Sturmstärke, die Entfernung vom Schiff bis zur Küste, die Höhe der Wellen – selbst Ihre physische Kraft. Unsere Wissenschaftler haben all dieses mit Hilfe des Computers getestet, doch die fertige Analyse hat ergeben, dass Sie unmöglich diese Strecke unter diesen Bedingungen zurücklegen und überleben konnten. Ist da vielleicht doch noch irgend etwas, irgend etwas, das Sie vergessen haben uns zu erzählen?'

Ich dachte einen Augenblick nach und sagte dann: ,Das einzige, was ich nicht angegeben habe, ist, dass ich sehr viel zu Gott gebetet habe.'

Er ging, kam dann aber ein paar Tage später wieder. ,Herr Kourdakov', sagte er, ,es wird Sie interessieren, dass wir nochmals all Ihre Angaben, einschliesslich Ihrer Gebete, in den Computer gefüttert haben, mit dem Ergebnis, dass Ihr Überleben möglich war. Wir sind jetzt von der Wahrheit Ihrer Geschichte überzeugt.'

Ich war überrascht. Was wusste ein Computer von Gott? Später erklärte man mir, dass meine Gebete zu Gott als ,psychologische Kraft' gewertet wurden.»

Man hat neuerdings sogar die Hirnströme eines inbrünstig Betenden gemessen. So taktlos uns das Experiment auch vorkommen mag – die wissenschaftliche Neugier kennt heute keine Tabus mehr –, es hat doch eine erstaunliche Wirkung gehabt. Es handelte sich um eine sterbende Frau in ihrer letzten Stunde. Die Ärzte an den Messinstrumenten im Nebenraum waren von der Inbrunst, der Eindringlichkeit, der Kraft dieses Betens betroffen. Vor dieser autonomen irrationalen Kraft muss die Wissenschaft kapitulieren, wenn sie nicht das Knie zu beugen vermag wie Marconi (1874–1937), Erfinder der drahtlosen Telegraphie und Nobelpreisträger 1909, der erklärte: «Ich glaube an die Macht des Gebetes. Ich glaube nicht nur daran als gläubiger Katholik, sondern auch als Wissenschaftler.»

Die Evangelischen Marienschwestern in Darmstadt haben sich nach dem wiederholten Zeugnis von Mutter Basilea Schlink alles erbetet, nachdem sie mit nahezu nichts an materiellen Hilfsgütern unmittelbar nach dem Zweiten Weltkrieg ihr Werk begonnen hatten. Sie haben alles erhalten, nach dem Masse ihres Vertrauens.

Altabt Emmanuel Heufelder erzählte mir, dass er zu Beginn seiner Berufung in die Benediktinerabtei Nieder-Altaich eine fällig gewordene grössere Summe genau auf den Tag ins Haus geschickt bekam, nachdem er sich betend um Hilfe an Gott gewandt hatte. Professor Greshake[25] schreibt im Hinblick auf die bereits Hunderte von Leitz-Ordnern füllenden Zeugnisse von Gebetserhörungen, die auf die Fürbitten der 1918 verstorbenen Ursuline Blandine Mertens zurückgeführt werden, «dass jeder leidende Mensch, der seine Not Gott klagt, auch um Gebetserhörungen wisse, die sehr verborgen und nur dem sichtbar sind, dessen Augen gerade im gläubigen Gebet für die Präsenz und das Wirken Gottes geschärft sind. Sie können aber auch im Einzelfall für den Beter in ihrem Charakter des Unerwarteten, Zufälligen, Nichtherstellbaren durchaus den Charakter des Wunders annehmen, des Wunders freilich im biblischen Verständnis, nämlich des ‚Wunderbaren‘, das alle Erwartungen, alles Überschaubare und Verfügbare durchbricht, etwas, was den Alltagssinn des Menschen aufstört, ihn aus seinen geläufigen Denkbahnen herausreisst und ihm in der unerwarteten Befreiung vom Leiden Gottes Liebe und seine Verheissung der Auferstehung zeichenhaft sichtbar zum Ausdruck bringt.»

Knapp und klar formuliert heisst es bei Peter Berglar[26]: «Historisch und medizinisch betrachtet ... sind Wunder Fakten. Religiös betrachtet sind sie übernatürliche Liebes-Zeichen Gottes.» Und C. S. Lewis schreibt in seinem Buch «Wunder»[27]: «Wo immer ein Mensch unmittelbar von Gottes Macht angerührt oder Zeuge seiner Wunderzeichen wird, da ist die natürliche Wirkung Erbeben, Fassungslosigkeit, Anbetung – und schliesslich ein massloses Entzücken.» So fielen die

Jünger bei der Verklärung des Herrn auf ihr Angesicht, so stürzte Paulus vor den Toren von Damaskus zu Boden. Von Lourdes werden Fälle von Heilungen berichtet, die die behandelnden Ärzte zum Weinen brachten und sie für Minuten der Sprache beraubten. Von einer Todgeweihten – die 24jährige wog noch 48 Pfund – berichtet Ruth Cranston: «Als am Morgen nach ihrer Ankunft das Allerheiligste vor der Grotte ausgesetzt wurde, erhob sich dieser lebende Leichnam plötzlich. Sie stand von der Bahre auf, ging ohne Hilfe und folgte der Prozession in die Rosenkranzkirche. Die Menge starrte sie sprachlos an und brach dann in ein dröhnendes Magnificat aus.» ·

Frucht des Betens

Freund Ludwig Katzenmaier vertraute seinem geistlichen Tagebuch folgendes an: «Im November 1949 wurde ich aus der Heilstätte in Schömberg entlassen, mit stillgelegter linker Lunge und der Aussicht, die Hälfte meines Lebens auf dem Liegestuhl zuzubringen. Bei jeder kleineren Anstrengung kletterte das Thermometer hoch. Schon in der Zeit vor meiner Entlassung aus dem Sanatorium bewegten mich ernstliche Sorgen: Was soll aus mir und meiner Familie werden? Durch die Währungsumstellung war meine Rente auf 140 DM reduziert worden. Das bedeutete für mich bei getrennter Familie (wir konnten wegen der Zonengrenzen nicht zueinander kommen), dass mir monatlich bei sparsamster Lebensweise 17 Mark fehlten. Meine Gesuche an die Versorgungsämter waren abgelehnt worden. Ich ging in meine Dachkammer und breitete vor Gott alle meine Post aus mit den Absagen

der amtlichen Stellen. Nach und nach wurde ich innerlich ruhig.

Die Hilfe kam. Klein fing es an. Nach wenigen Tagen
kam ein Freund und brachte mir Apfelsinen mit dem
Bemerken: Pack sie vorsichtig aus! Als er fort war,
machte ich mich darüber her. Fast hätte ich mit dem
Papier 5 Mark in den Abfalleimer geworfen. Wenige
Tage später brachte die Post einen Brief von einem
Lehrer aus Worms; ihm lagen 10 Mark bei. Ich wurde
zuversichtlicher, da ich keinem Menschen meine Not
anvertraut hatte, allein Gott. Es waren wieder einige
Tage vergangen, als ein ehemaliger Geschäftskollege
die Sammlung meiner Arbeitskameraden aus dem
Büro überbrachte: 30 Mark als kleine Weihnachtsgabe.
Die Firma selbst sandte mir wenige Tage später 100
Mark. Dann erhielt ich ein Schreiben des Versorgungs-
amtes, dass entgegen dem letzten Bescheid eine Zu-
satzrente von monatlich 40 Mark gewährt werde. Ende
Januar erhalte ich noch fast 600 DM Nachzahlung aus
meiner Angestelltenrente.

Einige Wochen später nahm ich eine Tätigkeit in der
Pfälzischen Landeskirche an. Mit der Arbeit wuchsen
meine Kräfte. Zur Verwaltungsarbeit kamen später
seelsorgerliche Dienste und die Verkündigung der Frohen Botschaft. Als ich noch sehr krank war, schrieb mir
ein Freund des öfteren, meine besondere Aufgabe sei
es nun, zu beten. Ich achtete den Auftrag zuerst gering.
Heute weiss ich: Beten können ist eine herrliche
Gabe.»

Ludwig Katzenmaier ist, wie hier eingefügt werden
soll, entgegen allen ärztlichen Befürchtungen und
trotz öfters wiederholter schwerer Erkrankung völlig
gesund geworden, so dass er heute noch im Apostolat
arbeitet, eifriger als je. In der Kraft seiner charismatischen Ausstrahlung wirkt er segensreich, wohin immer
er kommt. Im folgenden berichtet er weiter:

«Es war im Frühsommer des Jahres 1951, als von Pirmasens ein Brief an unser Amt kam. Darin hiess es unter anderem: ‚Bitte sehen Sie doch einmal nach meinem Bruder O. H. Er hat eine unglückliche Veranlagung. Da er in Not war, habe ich ihm 500 DM geliehen. Er denkt nicht daran, sie an mich zurückzuzahlen, sondern macht auch weiterhin Schulden . . .‘

Vielleicht war es weniger die Sorge um den Bruder als um das verlorene Geld, welche die Frau veranlasste, an uns zu schreiben. Mit Trinkern hatte ich bisher kaum zu tun gehabt. Da ich dringendere Arbeiten zu erledigen hatte, liess ich den Brief auf dem Schreibtisch liegen. Etliche Wochen später wurde ich mitten in meiner Morgenandacht durch einen innerlichen Anruf gestört: ‚Gehe zu O. H.‘

Draussen stürmte es, dass sich die Pappeln bogen, die vor unserem Hause stehen. Der Regen klatschte auf das Dachfenster meines Zimmers. Ich fühlte mich geborgen und verspürte keinerlei Lust zu einem Gang in die Stadt. Jedoch der innere Ruf wurde stärker. Ich kam in grosse Unruhe, bis ich schliesslich mich ankleidete und das Haus verliess. Ich ging erst zu einem Bekannten, der gerade arbeitslos war, und bat ihn, mich zu begleiten.

Wir stehen vor der Flurtüre und läuten. Ein intelligentes Gesicht mit Goldbrille wird sichtbar und fragt nach unserem Begehren. Verlegene Pause. ‚Ich komme im Auftrag eines Pfarrers‘, mehr wusste ich im Augenblick nicht zu sagen. ‚So – und?‘ Schon will er die Türe schliessen, da schaltet sich mein Begleiter ein: ‚Mensch . . . bist Du es, ich bin der . . .‘ Fast dreissig Jahre hatten sich die alten Freunde nicht mehr gesehen. Sie hatten einander längst vergessen.

Die Türe öffnete sich weit, und wir traten ein. Die erste Wiedersehensfreude war vorüber, da fragte uns Herr H. nach dem eigentlichen Grund unseres Besuches.

Ich erwähnte den Brief aus Pirmasens. Da brach der Mann in Tränen aus. ‚Euch hat Gott geschickt, das ist gewiss wahr.' Und nun erzählte er, wie er ein wüstes Leben geführt habe und an den Ruin gekommen sei. Die Frau sei heute früh geflohen, wohin, wisse er nicht. Da habe er sich hier an diesen Stuhl niedergeworfen und wohl zum erstenmal in seinem Leben zu Gott gerufen. Zwei bis drei Stunden habe er so gelegen bis zu dem Augenblick, als wir läuteten. – Er bereute seine Sünden, und Gott gab von dieser Stunde an seinem Leben einen neuen Anfang.»

Der erste Anstoss

Der im ersten Kapitel schon erwähnte Freund Erich Herrmann hatte im Winter 1944/45 während der Ardennen-Offensive ein merkwürdiges Erlebnis, das für seine spätere religiöse Entwicklung von entscheidender Bedeutung war. Er schreibt: «Ich war damals als Ing.-Offizier für Fahrzeuge verantwortlich. Es war sonniges, kaltes Winterwetter, als ich eine Fahrt in meinem PKW antrat, in dem ausser dem Fahrer noch mein Schreibstuben-Unteroffizier mitfuhr. Ausserdem folgte uns noch ein zweiter PKW mit Männern meiner Werkstatt. Die Strasse wand sich in einer langgestreckten Kurve mit leichtem Gefälle einem Eifeldorf entgegen. Links zweigte eine Nebenstrasse ab, die zu einem Dorf führte, das sich durch einen schlanken Kirchturm in etwa drei Kilometer Entfernung bemerkbar machte.
Wir waren an der Abzweigung schon etwa 50 Meter vorbeigefahren. Wie meistens fuhr ich den Wagen selbst. Der Kirchturm, noch heute sehe ich ihn vor mir: wie ein Finger, der mich rief. Eine ganz plötzliche

Reaktion. Ich trat sehr hart auf die Bremse, rief dem hinter uns folgenden Wagen zu, sofort zurückzuschieben und in die Nebenstrasse einzubiegen. Es war ausser uns kein Fahrzeug in der Nähe, so dass das Rückfahr- und Abbiegemanöver rasch vonstatten ging.

Wir waren wohl kaum 100 Meter in der neuen Richtung weitergefahren, als wir aus einem der hoch dahinziehenden Bomberverbände einen Bombenhagel herabrauschen hörten. Wir warfen uns noch neben unseren Fahrzeugen auf den Boden, doch die Bomben schlugen alle einige 100 Meter weiter in dem Dorf ein, durch das wir ursprünglich fahren wollten. Nach Tagen, als ich wieder durch das notdürftig freigeräumte Dorf fuhr, sah ich die Zerstörungen. Die Häuser, die eng aneinandergereiht die Strasse säumten, hatten bei ihrem Einsturz durch meterhohen Schutt die Fahrbahn verschüttet; wären wir nicht abgebogen, sondern in der ursprünglichen Richtung weitergefahren, dann wären wir inmitten des Bombenteppichs gelandet.

Mein Schreibstuben-Unteroffizier Fritz F. schaute mich erstaunt an, als wir uns von der Strasse erhoben, und fragte: ,Haben Sie das eben geahnt . . .?' Ich konnte ihm damals keine Antwort geben. Aber das Bild des schlanken, in den Himmel weisenden Kirchturms stand vor meiner Seele. Heute weiss ich: Ich wurde zurück in die Kirche gerufen, der ich gleichgültig gegenüberstand. Dieses Geschehnis war der erste Anstoss, der mich bewegt hat, auf dem Wege immer weiter zu schreiten, Christus entgegen.»

Die folgenden Erlebnisberichte, die sämtlich aus jüngerer Zeit stammen, werden ohne Kommentar veröffentlicht, um dem Leser keine Meinung oder Deutung zu suggerieren.

Frau Erika Knappschneider in Karlsruhe berichtet:
«Meine Tochter und ich waren auf der Flucht bis Glowitz in Pommern gekommen, Glowitz war ein grosses
Kirchdorf. Schon einen Tag nach unserer Ankunft, am
9. März 1945, zogen die Russen ein; es wurde entsetzlich, und wir Frauen waren der Verzweiflung nahe. Am
nächsten Tage suchten mehrere geängstigte Frauen,
darunter auch wir, im Pfarrhaus Schutz und drängten
uns um Pfarrer Bartel, der zwar ein Hüne an Gestalt
und edlen Geistes war – aber was konnte dieser Mann
schon ausrichten gegen die Russen ... Er sprach uns
Trost zu und bereitete sich vor, uns das heilige Abendmahl zu geben. Gerade als er begann, hörten wir im
Hausflur schon wieder das uns bekannte Heranpoltern
russischer Soldatenstiefel. Die Türe wurde aufgerissen,
und ein einzelner Rotarmist trat ungestüm herein. Wir
bebten alle, und jede dachte wohl dasselbe: ,Wen
nimmt er diesmal mit ...?' Mit aufgerissenen Augen
musterte er alle und alles, auch den Pfarrer und den
Kelch. Keiner sprach ein Wort.
Pfarrer Bartel trat auf den Soldaten zu und sagte: ,Wir
wollten das heilige Abendmahl nehmen ...' Zu unserem grenzenlosen Staunen radebrechte der Soldat auf
deutsch, ob ihn der Pfarrer wohl auch daran teilnehmen lassen würde. Und so reihte er sich zwischen uns
ein und nahm teil ... Ich (und wohl jede von uns)
schaute bloss den Russen an, denn es war uns dies ein
unerhörtes Geschehen. Der Mann war etwa 45 Jahre
alt. Der uns so wild und drohend scheinende Gesichts-
ausdruck, mit dem er das Zimmer betreten hatte, war
fort. Mit Aufmerksamkeit folgte er den Worten des
Geistlichen, obwohl er sie nicht alle verstanden haben
kann, und sein Gesicht nahm einen unbeschreiblichen
Ausdruck an.

Nach Ende der Feier umringten wir zutraulich den guten Menschen, der auf unsere Frage, weshalb er das getan habe, seinen Uniformkragen öffnete, ein an einer Kette hängendes Kreuzlein herauszog und dabei wörtlich sagte: ,Meiniges Frau gesagt hat: Iwan nie soll Gott vergessen!'

Und nun das zweite: in Glowitz in der Silvesternacht 1945/46. Noch immer wurden wir Deutschen drangsaliert, zumal zu den Russen noch die Polen hinzugekommen waren. In dieser Nacht, Schlag 12 Uhr begann Herr Rach, der Glöckner, die Kirchenglocken zu läuten, wie er es wohl jede Silvesternacht getan hatte. Für uns läuteten sie eine Zukunft ein, die uns mehr bangen als hoffen liess.

Als Herr Rach längst wieder im Bett lag, polterte es gegen seine Haustüre in gewohnter russischer Manier. Angstvoll, wieder eine nächtliche Belästigung erwartend, öffnete er das Fenster. Ein ihm fremder russischer Soldat trat heran und sagte: ,Du haben zu neuem Jahr Glocken geläutet; Fjodor sich gefreut und Dir danken will. Hier haben Du Brot und Schnaps!' Und damit reichte er Herrn Rach einen Laib Brot (das ja so knapp war damals!) und eine Flasche Schnaps und verschwand.»

«Ich glaube, es war der Schutzengel»

Frau Gesine R. aus Münster erzählte mir: Als ich ein Kind war von sechs Jahren, spielte ich mit anderen Kindern Verstecken. Ich war an der Reihe zu suchen und rannte zuerst in einen in der Nähe stehenden Neubau. In der grossen Toreinfahrt wurde ich in vollem Lauf plötzlich wie von Händen zurückgehalten. Erschrocken blickte ich mich um, sah aber niemanden.

Als ich die Stelle, an der ich angehalten worden war, genauer betrachtete, sah ich zwei Schritte vor mir ein breites Loch im Boden. Es war einige Meter tief und unten voll Wasser. Wenn mich mein Schutzengel – ich glaube, dass es der Schutzengel war – nicht zurückgerissen hätte, wäre ich unweigerlich hinabgestürzt und vielleicht ertrunken, denn niemand hätte hier meinen Hilfeschrei vernommen.

*

Eine Konvertitin, Frau Dörte Th. in K., berichtet, dass ihr von allem Neuen, das in der katholischen Glaubensübung zu bewältigen war, die Beichte am schwersten gefallen sei. Sie fand in ihrem Seelenführer, einem Kapuziner, einen gütigen Beichtvater. Ihre Busse war ein Vaterunser. Aber sie war, als sie den Beichtstuhl verlassen hatte und einsam in einer Bank der leeren Kirche kniete, so bewegt, so verwirrt, so ratlos und unsicher, dass sie nicht einmal dieses für sie geläufige Gebet zu formen vermochte. Sie konnte nur stumm zum Tabernakel schauen. Da ging die Kirchentüre auf, eine Schwester kam mit den Kleinen des Kindergartens herein und ging bis zur Kommunionbank vor. Dort liess sie die Kinder niederknien und sagte: «Jetzt wollen wir das Gebet des Herrn sprechen!» Laut erscholl aus Kindermund das Vaterunser, und das verängstigte Beichtkind hatte es nun nicht schwer, sich dem Gebet Wort für Wort anzuschliessen.

*

Der Komponist Ludwig Egler in K. hatte die Bergpredigt in einer grossen Komposition für Chor und Solisten vertont und suchte für sein Werk auch einen englischen Bibeltext, den er – nicht lange nach dem

Zweiten Weltkrieg – nicht beschaffen konnte. Eines Tages verliess er die Strassenbahn, mit der er zum Bahnhof fahren wollte; er hätte, wenn man ihn gefragt hätte, keinen Grund für diese Unterbrechung nennen können. Wie im Traum betrat er ein Bildergeschäft. In einer Ecke des geräumigen Ladens befand sich ein Bücherstand, von dem E. bis zu dem Augenblick, wo er vor dem mit Büchern bedeckten Tisch stand, keine Ahnung hatte. Sein Blick fiel ohne Umschweife auf eine Bibel in englischer Sprache. Er ergriff sie, und während er zahlte, erfuhr er von dem Verkäufer, dass dies sein letztes Exemplar sei. Erst als er wieder draussen auf der Strasse war, trat ihm das Ungewöhnliche des Vorgangs lebhaft vor die Seele. Es war ihm, als erwache er aus einem Traum.

Der gleiche Ludwig E. war einmal mit einem Bekannten in einer spiritistischen Sitzung zu Gast. Dort führte ein Mann – er war von Beruf Schuster – seltsame Experimente der Schwarzen Magie vor, die E. so erschreckten, dass er mitten in der Sitzung davonlief. In einer der nächsten Nächte erschien ihm seine jüngst verstorbene Grossmutter, eine weise, gütige Frau, stand vor seinem Bett und blickte ihn mit ernsten Augen an. Weiter geschah nichts. Als die Erscheinung verschwunden war, flüchtete E. voller Angst aus seinem Schlafzimmer zu seiner Mutter. Er fand sie noch wach, und als er ihr stockend von der Erscheinung erzählte, war sie weder erstaunt noch überrascht. Sie sagte nur ganz ruhig: «Siehst Du, Ludwig, da hättest Du nicht hingehen sollen; es wird nun das erste und das letzte Mal gewesen sein.»

Frau Thea H. B. in Bocholt hatte als Kind ein aufwühlendes Erlebnis, das ihr ganzes Leben lang in ihr nachwirkte. In ihrer Familie war es Brauch, das Morgengebet im Wohnzimmer gemeinsam zu verrichten. Eines Morgens – es war der Tag vor der Erstkommunion des Mädchens – hatte der Vater, ein Schuhmacher, so viel Arbeit, dass er das gemeinsame Gebet nicht abwartete, sondern sich unverzüglich in seine hinter dem Haus gelegene Werkstatt begab. Er war nicht wenig erstaunt, als er nach einer Weile sein Töchterchen eintreten sah. Es bat inständig, mit einem ihm unbekannten flehenden Ton, er möchte doch nach vorn kommen, um zusammen mit der Mutter und den Kindern das Morgengebet zu verrichten. «Heute, am Tag vor meiner ersten Kommunion, kannst Du es mir doch nicht abschlagen!»

Nein, das konnte er wirklich nicht, zumal ihn der dringliche Ton der Bitte seltsam berührte. Wortlos erhob er sich und ging mit dem Kind ins Haus zurück. Kaum war er ins Wohnzimmer eingetreten, als mit einem furchtbaren Donner ein greller Blitz einschlug. Einer blickte den anderen an, verwirrt, erschrocken, denn jeder wusste: das war in der Werkstatt. Nach Überwindung des ersten Schocks liefen die Eltern, gefolgt von den Kindern, über den Hof dorthin. Der Anblick, der sich ihnen bot, machte ihnen das Blut in den Adern erstarren: Der Blitz war durch eine über dem Arbeitsplatz des Vaters verlaufene Telefonanlage geschlagen und hatte auch den Schemel, auf dem der Vater vor wenigen Minuten noch gesessen, zerspalten.

Verleger Walter Berger, Oberschlesier, wohnhaft in Buxheim bei Memmingen, berichtet: «Es war im Jahre 1948, in polnischer Kriegsgefangenschaft in Warschau, nachmittags gegen 15 Uhr. Wir arbeiteten mit etwa 30 Mann beim Abbruch eines zerbombten fünfstöckigen Hauses. Der Schutt wurde mit Lastkraftwagen und Pferdefuhrwerken abgefahren. Ich musste die Pferde-fuhrwerke beladen, andere Kameraden standen hoch oben auf den Mauerresten und rissen sie ein. Ich rief dem Georg nach oben noch eine Warnung zu, aber der lachte nur über meine Ängstlichkeit. Und schon geschah es: Mit einem mächtigen Getöse kamen die Mauerreste herunter. Ich warf mich blitzschnell unter den beladenen Pferdewagen. Die anderen Pferde rann-ten mit ihren Wagen auf und davon, nur mein Pferd blieb stehen, andernfalls wäre der beladene Wagen über mich gefahren. Das Knie eines gusseisernen Abflussrohres fiel aus grosser Höhe gerade dorthin, wo ich eben noch arbeitete. Einzelne Ziegelsteine flogen wie Geschosse durch die Luft, einer davon traf mich in der Herzgegend. Ich hatte in der linken Brusttasche meines alten Militärrocks eine Schachtel aus hartem Blech, die zwar eingedrückt wurde, aber das Stein-geschoss, das den Tod hätte bringen können, abhielt. Diese Blechschachtel enthielt einen halben Rosen-kranz, den ich einmal irgendwo gefunden hatte und den ich seitdem immer bei mir trug.

Einer unserer Kameraden hatte eine Gehirnerschütte-rung davongetragen, einen anderen mussten wir aus-graben, er war von den Steinen zerschmettert.

Zehn Tage später durften wir Post abgeben. Ich hatte meinen Brief an meine Braut, in dem ich von all dem berichtet hatte, schon fertig. Aber gerade in diesem Augenblick wurde Post aus der Heimat verteilt, ich bekam einen Brief von meiner Braut. Sie schrieb: Neulich, am ... gegen 15.30 Uhr spürte ich plötzlich einen heftigen Schmerz, ich wusste, dass es Dir ans Leben ging, und bat Gott und die Gottesmutter, dass sie Dich beschützen mögen.

Das war der gleiche Tag, die gleiche Stunde. Übrigens war ich mit meiner Braut während der Gefangenschaft ständig aufs innigste verbunden: Bei unserem Abschied im Januar 1945 hatten wir uns versprochen, an jedem Abend zur gleichen Zeit betend aneinander zu denken. Das vergass ich nie, und das gab mir viel Kraft zum Durchhalten.»

Wider alle vernünftige Erwartung

Hinweise auf Kommendes, Fingerzeige in die Zukunft gibt es in Fülle, solche von wirklich schicksalhafter Bedeutung und wiederum ganz einfache Vorkommnisse, die nichts anderes bewirkten, als ein wenig Trost zu geben. So erzählte mir Dr. Wilhelm Kaiser, Karlsruhe, ein von niemandem bemerktes Vorkommnis, das für ihn selbst bis heute unvergesslich blieb. Er befand sich in einem harten Fronteinsatz als Gefangener tief in Russland, ohne Aussicht auf Besserung seiner Lage. Eines Nachmittags erblickte er auf dem nahen Eisenbahngeleise einen Güterzug, die Waggons trugen die Namen «Klagenfurt» und «Villach». Er las aber inwendig, wie in einer Eingebung, «Klagen fort» und «Viel lach!» Das gab ihm eine seltsame Zuversicht und stärkte seine schon fast erstorbene Hoffnung. Wider alle vernünftige Erwartung hatte seine Gefangenschaft bald ein Ende, er wurde in die Heimat entlassen.

*

Ein auf der Wasseroberfläche schwimmendes Skapulier, wie man es früher oft bei Dritten Orden und
Bruderschaften unter der Oberkleidung trug, wurde
der entscheidende Fingerzeig zur Rettung vor dem Er-
trinken. Darüber berichtete mir Frau Helen Fecht
in K. Sie war damals ein Mädchen von 11 Jahren und
verbrachte ihre Ferien an der Mosel bei einer älteren
Tante, die das lebhafte Kind nie ohne eine Begleiterin
hinausliess. Immer wieder warnte sie vor dem Baden
im Fluss wegen der in dieser Gegend häufigen Strudel.
Eines Nachmittags aber erhielt die kleine Helen auf ihr
anhaltendes Bitten hin von der Erzieherin die Erlaub-
nis, ins Wasser gehen zu dürfen. Eine Weile schwamm
sie so sicher und ruhig, dass das Fräulein in der Aufmerksamkeit nachliess und sich am Ufer mit einer Frau
unterhielt. So bemerkte es nicht, dass Helen in einen
Strudel geriet, bis ein gellender Schrei ihr Ohr traf.
Einen Augenblick lang sah sie noch eine Hand, dann
nichts mehr. Ohne eine Sekunde zu überlegen, stürzte
sie sich ins Wasser. Sie war eine gute Schwimmerin,
tauchte, arbeitete sich durch Algen und Schlingge-
wächs, fand aber von der Kleinen keine Spur. Da
bemerkte sie, wie sich ein Skapulier über der Wasser-
fläche ausbreitete; augenblicklich war ihr bewusst, dass
es Helen gehörte, die es Tag und Nacht um den Hals zu
tragen pflegte.
Es gelang dem Fräulein, das Kind zu retten. Alles ging
in Sekundenschnelle vor sich. An die Einzelheiten
erinnerte sie sich später nicht mehr. Unauslöschlich in
ihrem Gedächtnis blieb aber das schimmernde Band
über den Fluten, bei dessen Anblick sie wie von
unsichtbarer Hand geleitet ohne Zögern und ohne
Überlegen das Richtige tat. Eine weitere Minute länge-
ren Suchens hätte für das Mädchen den Tod bedeutet.

*

Meine Mutter erzählte uns öfter von einer wunderbaren Hilfe, die sie in bitterer Notzeit erfahren hatte. Auf einer «Hamsterfahrt» kam sie in der Hungerzeit gegen Ende des Ersten Weltkrieges in das Dorf Plait bei Andernach. Dort ging sie von Haus zu Haus, ohne auch nur eine Kartoffel zu bekommen. Völlig entmutigt, kehrte sie zum Bahnhof zurück. Während sie dort stand und auf den Zug wartete, tauchte ein Bahnbeamter auf und sagte zu ihr: «Sie haben ja gar nichts!» – «Ich habe heute kein Glück», entgegnete sie. – «Ach, versuchen Sie es nochmal!» ermunterte sie der Beamte. «Der Zug kommt noch lange nicht!» – Widerstrebend folgte die Mutter der Aufforderung. Auf der Brücke blieb sie stehen, unschlüssig, nach welcher Seite sie sich wenden sollte. Da wurden ihre Blicke von einem Haus auf der Anhöhe gefesselt, und sie spürte es wie einen Anruf, gerade dieses Haus aufzusuchen. In der Türe trat ihr eine Frau entgegen, und noch ehe die Mutter ihre Bitte vortragen konnte, sagte die Bauersfrau: «Ich weiss schon! Sie können das nicht. Geben Sie mal her!»

Und dann füllte sie den dargereichten Sack und eine Tasche bis oben an mit Kartoffeln und liess alles durch zwei Buben auf einem Leiterwägelchen zur Bahn bringen. Zum Abschied sagte sie noch: «Wenn sie alle sind, brauchen Sie sich nirgendwo anders zu bemühen, kommen Sie nur hierher!» So wurde die Familie für die schlimmste Zeit vor Hunger bewahrt.

Da tat sich die Erde auf

In den ersten Tagen des Februars 1945 kamen wir im Brückenkopf von Neu-Breisach in die vorderste Stellung. Nach Tagen und Nächten fast pausenlosen

Trommelfeuers vorrückende Panzer, Auflösung der äusserst dünn besetzten Stellung. Ich kam als letzter mit zwei Kameraden unter starkem Beschuss in ein Schleusenwärterhaus. Im Keller ein erschütterndes Bild: in einem Lehnstuhl eine alte Frau, völlig gelähmt, neben ihr die Tochter um sie bemüht, unvergesslich in ihrer stillen Art, mit der sie uns Wein und Brot brachte. Der Vater war vor einigen Tagen durch einen Granatsplitter verwundet worden, so war das arme Mädchen allein mit der hilflosen Mutter der Not dieser Tage und Nächte preisgegeben.

Ihr Segen begleitete mich in die von Scheinwerfern und Granateinschlägen gespenstisch erhellte Nacht. Um den Anschluss an unseren Truppenteil zu finden, mussten wir, meine Kameraden und ich, über das freie Feld waten. Die Erde war durch den geschmolzenen Schnee aufgeweicht, wir kamen nur mühsam weiter. Aber diese weiche, moorartige Erde war unsere Rettung. In Neu-Breisach hatte sich ein amerikanischer Schütze der leichten Artillerie den Spass gemacht, uns wie ein flüchtiges Wild aufs Korn zu nehmen. Rechts, links, vor und hinter uns schlugen die Granaten ein, spritzten den Dreck hoch und jagten uns über das weite Feld. Kein Haus, kein Baum, nichts. Atemlos, immer wieder in die Knie brechend, stürzten wir voran. Um in dem Morast überhaupt weiterzukommen, hatten wir alles Überflüssige fortgeworfen, aber es schien auf die Dauer keine Rettung für uns zu geben. In meiner Not rief ich den Himmel um Hilfe an. Da tat sich unversehens die Erde auf: eine Art Bunker, in den wir aufatmend stürzten. Es war die Rettung. Kurz darauf hörte der Beschuss dieses Niemandslandes auf, in dem wir, wie vom Erdboden verschluckt, verschwunden waren.

Nach Kriegsende suchte ich das Gelände ab. Ich fand noch meine Ledertasche mit der Biblia sacra und anderen Dingen, konnte aber keine Spur eines Bunkers entdecken.

*

R. Schmitz veröffentlichte in seinem Werk «Engeldienste» (Witten 1963) folgendes Beispiel: «Frau Angelika Bartram konnte bei einem schweren nächtlichen Bombenangriff auf Berlin 1944 den Luftschutzbunker nicht mehr erreichen. Mit ihrer Freundin stand sie im Flur des schon von Einschlägen erschütterten Hauses. Wohin jetzt? ,Wir standen unschlüssig ... Ein kurzes Gebet: O Herr, hilf! Da sah ich in der gegenüberliegenden dunklen Türverschalung ein helles Leuchten, und darin erschien eine lichte Gestalt. Sie wies mit der rechten Hand zu ihren Füssen. Ich fühlte eine von hinten drängende Macht und schritt auf die Türe zu.ʻ Frau Bartram zog ihre Freundin mit. Im selben Augenblick zerbarsten unter einer Detonation Fenster und Tür und flogen ins Treppenhaus hinein. Ein schwerer Balken streifte die beiden fast noch am Rücken. Die rettende Gestalt aber, der sie die Zuflucht unter dem heilgebliebenen Türrahmen verdankten, war verschwunden. Den Luftschutzbunker, den sie nicht mehr erreichten, hatte eine Bombe so getroffen, dass nur wenige Menschen darin überlebten.»

Den Beschluss der ungewöhnlichen Geschehnisse, die sich leicht vermehren liessen, sollen Berichte bilden, die von den Zeitungen als Zufall und auch als «Wunder» bezeichnet worden waren, und gerade diese Möglichkeit eines doppelten Aspekts machen sie für uns interessant. Für die Glaubenden gibt es keinen Zufall, weil für sie alles uns von dem zufällt, ohne dessen Wissen kein Haar von unserem Haupte fällt.

In Baden-Baden wurde Mitte Juni 1959 durch ein von drei Franzosen gesteuertes Auto ein Bahnwärterhäuschen vollständig zusammengefahren. In dem Bericht der «Badischen Neuesten Nachrichten» heisst es: «Ein ohrenbetäubender Krach, herumfliegende Holzsplitter und aufwirbelnder Staub: das Häuschen war wie wegrasiert. Der Bahnbeamte befand sich in jener Sekunde, als das Unheil herzubrauste, nicht in seinem Wartehäuschen. Er hatte sich für seinen Dienstantritt um zwei Minuten verspätet. Diese zwei Minuten haben ihm das Leben gerettet.»

«Da geschah das Wunder»

Noch sonderbarer erscheint ein Bericht aus der Schweiz: «Ein Fischer war mit seinem vierjährigen Söhnchen auf den Neuenburger See gefahren. Zur Rückkehr ans Land setzte er den Motor seines Bootes in Betrieb und wandte dann seine ganze Aufmerksamkeit dem Einziehen der beidseits ausgeworfenen Leinen zu. In die Arbeit vertieft, vernahm er wenig später ein ungewohntes Plätschern und sah, als er sich umdrehte, seinen beim Wasserschöpfen über Bord gefallenen Buben lautlos in den Fluten versinken. Ohne sich lange zu besinnen, stürzte der Vater dem Kinde nach und tauchte in die Tiefe, wobei es ihm gelang, den Jungen zu fassen und an die Wasseroberfläche zurückzubringen.

Wer beschreibt sein Entsetzen, als es sich herausstellte, dass er in der Aufregung beim Verlassen des Bootes vergessen hatte, den Motor zum Stehen zu bringen! Das Boot hatte sich von der Unglücksstelle bereits mehrere hundert Meter weit entfernt, und der Fischer glaubte sich samt seinem Kinde verloren. Die schweren Stiefel zogen ihn in die Tiefe, das Kind, mittlerweile zum Bewusstsein gekommen, schrie und begann wild um sich zu schlagen. Hilfe vom gut zwei Kilometer entfernten Ufer her war nicht zu erwarten; die Kräfte, es in voller Bekleidung und mit dem widerspenstigen Kinde belastet schwimmend zu erreichen, fehlten.

Da geschah das ‚Wunder'! Das vom langsam laufenden Motor angetriebene und herrenlos über den See dahinziehende Boot beschrieb in der Ferne einen weiten Bogen und kehrte, wie von Geisterhand gesteuert, zu den Hilflosen zurück. Mit letzter Kraft vermochte sich der Fischer im richtigen Augenblick am Rand des vorbeiziehenden Kahnes festzuklammern, schliesslich nach verzweifelten Bemühungen zuerst das Kind hineinzuwerfen und sich dann selbst in Sicherheit zu bringen. Binnen kurzem war das rettende Ufer erreicht. Es stellte sich heraus, dass sich auf der herrenlosen Fahrt des Bootes die Fischerleinen mit Ruderblatt und Schraube verwickelt und das wunderbare Wenden bewirkt hatten!»

*

Nach einem Bericht der «Badischen Neuesten Nachrichten»[28] haben Gebete, die sie pausenlos vor sich hin sagte, in Asendorf in Niedersachsen eine 21 Jahre alte Krankenschwester vor einer Vergewaltigung durch drei junge Männer bewahrt. Nach Angaben der Polizei hatte einer der drei Männer die junge Frau überfallen und zu vergewaltigen versucht. Als die Frau immer weiter betete, fühlte sich der Mann nach eigenen Angaben derart irritiert, dass er von seinem Opfer abliess. Auch als der Mann später noch einmal mit zwei Freunden versuchte, die Krankenschwester zu belästigen, suchte sie erneut mit Erfolg Hilfe im Gebet. Die gleiche Zeitung teilte die wundersame Heilung eines Gehbehinderten mit: «Ein seit über einem Jahr schwer gehbehinderter Polizist aus Valencia ist am Ostersonntag beim Gebet plötzlich von seinem Gebrechen geheilt worden. Wie die spanische Nachrichtenagentur EFE berichtet, hatte der 45jährige Salvador Garrido in einem Kapuzinerkloster in Granada vor dem Grab des Mönchs Leopoldo de Alpandeire gebetet, als er sich auf einmal geheilt fühlte. Garrido übergab seine Krücken seinem Schwager und konnte völlig normal laufen. Der Polizist war seit 14 Monaten durch eine Thrombose im rechten Bein geh- und dienstunfähig. Die Ärzte hatten ihm mit mehreren Operationen nicht helfen können und wollten jetzt das Bein amputieren.»

ERFÜLLTE TRAUMGESICHTE

Es rührte mich dein Finger an,
da ich schlief, dass ich dein nicht
vergesse im Schlaf der Nacht.

Bedeutungsschwere Traumgesichte hat es in der Geschichte der Menschheit schon immer gegeben. Im
Alten wie im Neuen Testament sind sie häufig bezeugt,
von Joseph in Ägypten, der die Träume des Pharao
deutete, bis zu Joseph in Nazareth. Immer war dabei
Weisheit und Fürsorge des Himmels am Werke. «Den
Seinen gibt's der Herr im Schlafe» ist nicht nur eine
Redensart, es ist Ausdruck einer Erfahrung, die bis in
die Tiefen der Menschheit zurückreicht.
Die besondere Wirkung, als Vorausschau oder Warnung, unterscheidet das Traumgesicht von den gewöhnlichen Träumen. Die Seele wird stark bewegt,
so dass der Träumende aufschreckt und wachen Geistes über das Gesehene nachsinnen muss. Die Gesichte
sind meist so plastisch und eindringlich, dass das Ungewöhnliche des Vorgangs wie mit einem sechsten Sinn
begriffen und als Fingerzeig aus der anderen Welt
beachtet wird. Sigmund Freud suchte mit seiner
«Traumdeutung» die geheimnisvollen Vorgänge zu
analysieren, und nach ihm gab es in der Wissenschaft
immer neue Versuche, dem Phänomen näherzukom-
men.[29] Die moderne Parapsychologie hält den prä-
kognitiven (vorauswissenden) Traum, auch als «Wahr-
traum» bezeichnet, für gesichert.[30] Vor allem die Erfahrung, dass Traumgesichte sich erfüllten und, je nach
ihrer Intensität und Bedeutung, einen religiösen oder
moralischen Impuls gaben, hebt sie aus der Sphäre der
gewöhnlichen Träume heraus. Hinzu kommt, dass
zahlreiche Vorankündigungen des Todes, die – manch-

mal genau zur vorausgesagten Zeit – eintraten, eine unanfechtbare Beglaubigung erfahren haben. So träumte der amerikanische Präsident Lincoln am 21. März 1865, dass er einem Attentat zum Opfer fallen werde. Schon drei Wochen später, am 14. April, wurde sein Traum Wirklichkeit. Der Psychiater A. von Gudden erzählte am 13. Juni 1886 mehreren Personen beim Frühstück, dass er in der letzten Nacht im Traum mit einem Manne im Wasser stehend gerungen habe; in der folgenden Nacht schon wurde seine Leiche mit der des Bayernkönigs Ludwig II. aus dem Starnberger See geborgen. Er hatte vergeblich versucht, den König von seinem Selbstmord abzuhalten.

Von den uns bekannt gewordenen erfüllten Traumgesichten der nachbiblischen Zeit, deren Zahl Legion ist, seien nur wenige hier verzeichnet, so das der Auffindung des 13. Gesanges der «Göttlichen Komödie». Das Manuskript liess sich nach dem Tode Dantes trotz eifrigen Suchens nicht finden, bis zu einem Traumgesicht seines jüngsten Sohnes Jacobus. Er sah acht Monate nach des Vaters Tod den Verstorbenen nachts mit leuchtendem Gesicht sich ihm nähern. Ihm war dann, als führe ihn der Vater an der Hand in das Gemach, wo er zu Lebzeiten geschlafen, und deutete auf eine Stelle, die er sich genau einprägte. Darauf verschwand die Erscheinung. Obwohl die Nacht schon vorgeschritten war, machte er sich mit einem Bekannten auf den Weg und begab sich in das Haus in Florenz, das Dante einst bewohnte. Genau an der Stelle, die der Geist Jacobus gezeigt hatte, fanden sie eine Matte und hinter dieser ein Fenster, von dessen Vorhandensein früher niemand wusste. Dort lag eine Handschrift – es war der 13. Gesang des Paradiso, den man bisher nicht auffinden konnte.

Von einem ähnlichen Traum-Erlebnis schrieb Bettina Brentano an *Goethe:* «Gleich nach Deines Grossvaters

Tod, da man in Verlegenheit war, das Testament zu finden, träumte ihr, es sei zwischen zwei Brettchen im Pult des Vaters zu finden, die durch ein geheimes Schloss verbunden waren; man untersuchte das Pult und fand alles richtig. – Deine Mutter aber hatte das Talent nicht, sie meinte, es komme von ihrer heitern, sorglosen Stimmung und ihrer grossen Zuversicht zu allem Guten, gerade dies mag wohl ihre prophetische Gabe gewesen sein, denn sie sagte selbst, dass sie in dieser Beziehung sich nie getäuscht hätte.»

Uns fehlt der rechte Schlüssel

Goethe, der sich immerfort von höheren Wesen umgeben glaubte, erklärte Eckermann [31] gegenüber: «Dergleichen liegt sehr wohl in der Natur, wenn wir auch dazu noch nicht den rechten Schlüssel haben. Wir sind von einer Atmosphäre umgeben, von der wir noch garnicht wissen, was sich alles in ihr regt und wie es mit unserm Geist in Verbindung steht. So viel ist wohl gewiss, dass in besonderen Zuständen die Fühlfäden unserer Seele über ihre körperlichen Grenzen hinausreichen können und ihr ein Vorgefühl, ja auch ein wirklicher Blick in die nächste Zukunft gestattet ist.» Diese Äusserung machte Goethe, als ihm Eckermann das folgende Erlebnis erzählt hatte: «Ich hatte mir drei junge Hänflinge erzogen, woran ich mit ganzer Seele hing und die ich über alles liebte. Ich hatte eines Mittags das Unglück, dass bei meinem Hereintreten in die Kammer einer dieser Vögel über mich hinweg und zum Hause hinausflog, ich wusste nicht wohin. Ich suchte ihn den ganzen Nachmittag auf allen Dächern, und war untröstlich, als es Abend ward und ich von ihm keine Spur gefunden hatte. Mit betrübten herzlichen Gedanken an ihn schlief ich ein und hatte gegen Morgen folgenden Traum. Ich sah mich nämlich, wie ich an unseren Nachbarhäusern umherging und meinen verlorenen Vogel suchte. Auf einmal hörte ich den Ton seiner Stimme und sehe ihn hinter dem Gärtchen unserer Hütte auf dem Dache eines Nachbarhauses sitzen; ich sehe, wie ich ihn locke und wie er näher zu mir herabkommt, wie er futterbegierig die Flügel gegen mich bewegt, aber doch sich nicht entschliessen kann, auf meine Hand herabzufliegen. Ich sehe darauf, wie ich schnell durch unser Gärtchen in meine Kammer laufe und die Tasse mit gequollenem Rübsamen herbeihole; ich sehe, wie ich ihm sein beliebtes Futter entgegenreiche, wie er herab auf meine Hand kommt und ich ihn voller Freude zu den beiden andern zurück in meine Kammer trage.

Mit diesem Traum wache ich auf. Und da es bereits vollkommen Tag war, so werfe ich mich schnell in meine Kleider und habe nichts Eiligeres zu tun, als durch unser Gärtchen zu laufen nach dem Hause hin, wo ich den Vogel gesehen. Wie gross aber war mein Erstaunen, als der Vogel wirklich da war! Es geschah nun buchstäblich alles, wie ich es im Traume gesehen. Ich locke ihn, er kommt näher, aber er zögert, auf meine Hand zu fliegen. Ich laufe zurück und hole das Futter, und er fliegt auf meine Hand, und ich bringe ihn wieder zu den andern.»

*

Justinus Kerner (1786–1862), Verfasser der berühmt gewordenen «Seherin von Prevorst», berichtet einen Traum, den er auf das an Wagnissen reiche Leben seines 1812 gestorbenen Bruders Georg bezog. Er schreibt[32]: «Ich stand an der vor mir liegenden Kirche. Es war Mondschein, alles stumm und tot. Ich sah an dem Turm empor; da sah ich, wie das Steinbild, das auf seiner Spitze steht, sich bewegte, ja wie es endlich einen Fuss über den Turm hinausstreckte. Aber noch mehr erstaunte ich, als das Steinbild die durchbrochen daliegende Wendeltreppe des Turmes sichtbar und hörbar hinabstieg, immer näher nach unten kam, bis ich endlich seinen Gang durch die Kirche hörte. Die Türe der Kirche öffnete sich und da stand das Bild vor mir, war aber kein Steinbild mehr, nicht mehr der Ritter (ich hielt dieses Bild für den Ritter St.Georg), diesen sah ich wieder oben stehen, sondern es stand mein Bruder Georg vor mir, der noch lebte und sagte: ‚Siehe da auf die Uhr, die Böcke stossen sich zwölfmal, der Hahn kräht, und der Engel posaunet, da war meine Zeit um . . .‘

Reine Wahrheit ist, dass ich von dieser Zeit an durch mein ganzes Leben voraussagende Träume behielt, die mir zu einer wahren Qual im Leben wurden, eine Qual, die ich keinem wünsche und die mich gleichsam praktisch kennen lehrte, welch ein Unglück es für den Menschen wäre, hätte ihm Gottes weise Hand die Zukunft nicht verschlossen. Diese voraussagenden Träume finden bei mir gegen Morgen statt, besonders wenn eine schlaflose Nacht mich erst gegen Morgen ruhen und in Schlaf sinken lässt. Sie kamen immer unter Bildern und symbolisch vor.»

*

Der am 23. September 1968 verstorbene stigmatisierte Kapuziner *Padre Pio* [33] erschien der mir gut bekannten, seit langem in Karlsruhe lebenden Italienerin Adriana Sabaello im Traum. Er sagte ihr, dass sie seine geistliche Tochter sei. Zwei Jahre später fuhr sie nach San Giovanni Rotondo. Nach der Beichte richtete sie an Padre Pio die Frage, ob sie seine geistliche Tochter sein dürfe. Die Antwort des Paters: «Ich habe Dir doch schon gesagt, dass Du es bist!» – Eine für die einfache Frau beglückende Bestätigung der Echtheit ihres Traumgesichts! Ihr Lächeln und der Glanz ihrer Augen zeugen von der fortdauernden Wirkung der Begegnung.

Es traf alles ein ...

Meiner Frau Elisabeth, damals noch meine Verlobte, erschien eines Nachts Anfang März 1942 der kurz zuvor verstorbene Grossvater und sagte ihr, dass er bei Gott eine Bitte habe aussprechen dürfen. Da habe er gebeten, dass Hermann (der Bruder meiner Braut) aus diesem Chaos erlöst werden möge. Einige Zeit darauf kam die Nachricht, dass ihr Bruder am 14. März 1942 auf der Krim gefallen sei.
In der Nacht von Donnerstag, 19. auf Freitag, 20. April 1944 träumte ihr, es klingele an der Türe. Als sie öffnete, traten ihre beiden verstorbenen Grossväter ihr entgegen. Sie gingen mitsammen ins Zimmer. Da sagte der eine, der zuletzt Verstorbene, in knappen Sätzen: «Geht gleich in den Keller, nehmt so viel wie möglich mit, auch zu essen. Ihr müsst viel durchmachen, aber es wird Euch selbst nichts passieren!» Elisabeth erzählte das Traumgesicht am darauffolgenden Sonntag einer grösseren Gesellschaft. Am Dienstag, dem 24. April 1944, war nachts Fliegeralarm. Elisabeth hatte, wie schon öfter, grosse Mühe, ihre Eltern in den Keller zu bringen. Inzwischen brachte sie mehrere Male Koffer in den Keller, bei ihrer Rückkunft die Eltern immer wieder zur Eile mahnend. Endlich gelang es ihr, sie hinunter zu bringen. Kaum hatten sie die eiserne Türe – die einen Tag zuvor noch angebracht worden war –

geschlossen, als die erste Bombe fiel (Luftmine). Sie ging als Volltreffer direkt auf das Haus, fast alles wurde vernichtet, und das wenige, was gerettet werden konnte, ging an den Auslagerungsstätten später auch zugrunde. So erfüllte sich die Voraussage buchstäblich. Ohne die Warnung wären die Eltern der Bombe zum Opfer gefallen.

Auch in anderen Fällen ging Elisabeth, auch wenn noch kein Alarm war, einer Eingebung folgend in den Keller. Immer war ihr Gehen berechtigt, denn jedesmal fielen in der Nähe Bomben.

*

Die Katastrophe, die Karlsruhe mit gewaltigen Zerstörungen traf, hatte Elisabeth auch in etwa vorausgeschaut. Sie sah kurz vor Ausbruch des Krieges im Traum aus dem grossen Mittelportal der Kirche St.Bonifatius die Gestalt Jesu, ganz in Licht und Weiss, herauskommen und langsam die grosse Freitreppe herabschreiten. Der Heiland machte mit erhobenen Armen eine Geste, die wie eine Aufforderung war, umherzuschauen, über die Strassenflucht und in die Kirche. Und Elisabeth sah die ganze Strasse auf beiden Seiten verwüstet, zerstörte Fassaden mit leeren Fensterhöhlen. Als sie in die Kirche ging, fand sie nur noch die kahlen Mauern. Sie war sehr verwundert und fand damals – vor Kriegsausbruch – für dieses Traumgesicht keine Erklärung.

*

Schon im Ersten Weltkrieg, als sie ein Mädchen von 10 Jahren war, geschah etwas Merkwürdiges. Es war am Fronleichnamstag des Jahres 1916, als sie mit ihren Eltern und ihrem im Kinderwagen mitgeführten kleinen Bruder Hermann bei einem Spaziergang von einem Fliegeralarm überrascht wurde. Sie befanden sich gerade am Nordrand Karlsruhes, auf dem am Wald gelegenen früheren Engländerplatz, unschlüssig, wohin sie sich wenden sollten. Da stand plötzlich, wie aus dem Boden gewachsen, ein Soldat vor ihnen. Die Mutter will in ihm ihren beim Militär gestorbenen Bruder erkannt haben. Er sagte: «Geht tief in den Wald, geht nicht in die Stadt!» Dann verschwand er. Als die Familie nach dem Ende des Fliegerangriffs zurückkam, sah sie, dass auf den Platz, wo sie unschlüssig stehen geblieben war, eine Bombe gefallen war. In der Stadt war der Zirkus, in der Nähe ihrer Wohnung, während einer Kindervorstellung getroffen worden.

*

Seit dem Tode ihrer Mutter hatte Elisabeth nicht aufgehört, für die am 9. Juli 1955 Heimgegangene zu beten, auch andere Verstorbene vergass sie nicht, besonders im November. In der Nacht zum 26. November erschienen ihr im Traum vier ältere Männer, die Einlass in die Wohnung und Obdach begehrten. Obwohl der Raum beengt war, gab sie jedem ein Bett und liess es ohne Widerspruch zu, dass sich die vier häuslich einrichteten.

Kurz darauf, in der gleichen Nacht, erschien ihr die Mutter und dankte ihr für ihr Gebet und für die Sorge um die verstorbenen Seelen. Dann reichte sie ihr eine kristallene Schale, aus der sie trinken solle. Es seien, so sagte sie, die Tränen, die um die Verstorbenen geweint wurden.

Frau Irmgard Linz aus München schreibt: Anfang Januar 1943 träumte ich: Es war Sturm, die Wolken rasten am Mond vorbei, und immer, wenn sie den Mond verdeckten, war tiefe Nacht. Ich sass mit meinem Bruder auf einem Brückenpfeiler in der Donau (es befinden sich dort meist an den Pfeilern, die in den Fluss gehen, kleine Inseln). Mein Bruder sass halb ohnmächtig am Pfeiler. Die Donau war weit wie das Meer, man sah kein Ufer. Die Wellen hatten Gischtkronen, das Wasser stieg und stieg. Ich fühlte ganz genau, wie es meine Knöchel erreichte. Ich versuchte mit aller Macht, meinen Bruder aus der Ohnmacht zu rütteln. Es gelang mir auch, und ich bat ihn verzweifelt, mit mir ans Ufer zu schwimmen, da das Wasser ständig steige. Er öffnete schwach die Augen und sagte: «Ich kann nicht, mir tut es hier so weh.» Er deutete auf die Brust (später stellte sich heraus, dass er mehrere Lungensteckschüsse hatte), und schon sank sein Kopf wieder auf die Brust, er war ohnmächtig. Ich spürte das Wasser schon über den Knöcheln, kniete nieder und betete zu Gott, er möge mir doch helfen, meinen Bruder zu retten,
Plötzlich sah ich, als der Mond wieder hervorkam, von ferne einen kleinen Kahn förmlich heranrasen; mit grösster Mühe konnte ich ihn heranziehen und meinen Bruder hineinheben. Ich ruderte, aber es war kein Ufer zu erblicken. Plötzlich sah ich Schilf. Ich hielt mich an einem grossen Halm fest und schrie: «Josef, wir sind am Ufer.» In diesem Augenblick wachte ich auf.
Den Traum hatte ich in der gleichen Nacht, als mein Bruder vermisst wurde. Ich kann mich noch an einige Zeilen erinnern, die der Kompaniechef später an meinen Vater schrieb: «Es war auf der Insel Kertsch, tiefe

Nacht, und es wurde nur hell, wenn der Mond von den Wolken frei war. Es war Sturm und niemand rechnete damit, dass die Russen angreifen würden ...» In dem Brief wurde uns noch mitgeteilt, dass in dieser Nacht mehr als 100 Soldaten vermisst wurden.

Genau das gleiche Gesicht

Die gleiche Frau Irmgard L. schreibt: Im Jahre 1945 sah ich mich im Traum in Bamberg auf einer hohen Brücke stehen. Plötzlich fühlte ich, dass ich ins Wasser falle. Ich schwamm und schwamm, doch hatte der Fluss keine Ufer, links und rechts standen hohe Häuser ohne Fenster, nirgendwo ein Halt. Ich schwamm sehr lange, als ich von weitem auf der rechten Seite ein Licht sah. Ich schwamm mit meinen letzten Kräften weiter. Als ich hinkam, war es ein kleiner Erker, dicht über dem Wasser. In diesem Erker sass eine Nonne und las beim Licht einer Kerze ein Buch. Als sie mich erblickte, tat sie gar nicht erstaunt; sie lächelte und sagte: «Komm nur herein!» Ich zog mich hoch, dann führte sie mich durch dunkle Gänge und Keller. Ich sah nichts und hörte nur vor mir die Schritte der Nonne. Endlich öffnete sie eine kleine Türe und sagte: «So, jetzt bist Du wieder da!» Ich stand auf der hellen Strasse und ging nach Hause.
Vier Wochen später ging ich zum Arzt: Tbc. Ich kam innerhalb von 2 Tagen in ein Sanatorium. Als ich dort mit meiner Mutter (es war in Vierzehnheiligen bei Lichtenfels) ankam, erinnerte mich die Vikarin, die uns empfing, sofort an das freundliche Lächeln der Schwester im Traum; es war das genau gleiche Gesicht!

*

Meine Mutter starb im Jahre 1953. Den ersten Traum von ihr hatte ich 7 Tage, bevor ich meinen zweiten Bruder durch Selbstmord verlor; ich sah sie auf einer endlos langen nebligen Strasse laufen, alt wie eine Neunzigjährige, obwohl sie schon mit 58 Jahren gestorben ist. Sie fror und hatte rote Hände, sah mich mit grossen Augen an und meinte: «Schau nur, wie mich an den Händen friert.» Darauf machte sie einen Bogen um mich und verschwand wieder im Nebel. Genau 7 Tage später geschah das Unglück mit meinem Bruder.

Von da ab hatte ich das Gefühl, dass immer dann meine Mutter mir im Traum erscheint, wenn irgend etwas Schlimmes bevorsteht. Im letzten Traum dieser Art sah ich sie mit einem ernsten Gesicht, dann verschwand sie wieder; sie sprach kein Wort.

Am Morgenkaffeetisch erzählte ich das Traumgesicht meinem Mann und meinte noch, ich hätte Angst, dass etwas Schlimmes droht.

Ich erwartete damals ein Kind, es war im 6. Monat. Wir freuten uns sehr darauf. Ich musste an diesem Nachmittag wieder zur Untersuchung; dabei stellte der Arzt fest, dass das Kind tot war.

Nach Jahren verwirklicht

Der Graphiker Alfred Linz in Nürnberg schreibt mir einige schon einem grösseren Kreis erzählte Traumgesichte seiner Mutter: «Als ich etwa drei Jahre alt war, träumte meine Mutter, sie sähe mich in dem Schrebergarten, den wir damals besassen, eingeschlossen sitzen. Sie fühlte, dass etwas Schlimmes mit mir passieren würde, aber sie konnte mir trotz aller Bemühungen und Anstrengungen nicht helfen. Der Zaun verwehrte

ihr jede Hilfeleistung. Sie wandte sich an Vorüber-
gehende, aber niemand konnte oder wollte helfen. In
all dem Jammer war ich dann mittlerweile verschwunden. Meine Mutter erzählte am nächsten Morgen den
Traum, den sie mit einer seltsamen Eindringlichkeit
erlebt hatte, meinem Vater.

Die Jahre vergingen, aber dieses Traumgesicht geriet
bei meiner Mutter nie ganz in Vergessenheit. Bis sich
am Ende des letzten Krieges genau das zutrug, was sie
Jahre vorher im Traum erlebte.

Während der letzten Kämpfe auf deutschem Boden
kam ich im Verlauf des Rückzuges in die Nähe meiner
Heimatstadt, wurde bei den Kampfhandlungen ver-
sprengt und konnte nur noch unter den schwierigsten
Bedingungen bei Nacht und Nebel mein Elternhaus
erreichen. Ich zog die Uniform aus und verbarg mich
vor den einmarschierenden Siegern, wurde aber zwei
Tage danach von Nachbarn verraten und sass dann
im Hof des Wohnblockes, in dem wir seit meiner
Kindheit wohnten (er war inzwischen als Gefangenen-
sammelstelle eingerichtet worden), als Gefangener
unter anderen Leidensgenossen. Meine Mutter konnte
mich zwar vom Fenster unserer Wohnung sehen, sie
durfte sogar bis an die schwerbewaffneten Posten her-
ankommen. Aber trotz aller Bemühungen beim Kom-
mandanten konnte sie mich nicht frei bekommen. Ich
sass einige Stunden in diesem Hof und wurde dann auf
einen Lastwagen getrieben und weggefahren. Meine
Mutter stand dabei und musste alles hilflos mit an-
sehen. Sie erlebte dieselbe Situation und den selben
Schmerz, den sie damals im Traume hatte.

In einem weiteren Traum zu Anfang des Krieges sah
meine Mutter meinen Vater krank im Wohnzimmer
auf der Couch liegen. Er trug eine Militäruniform,
seine Wangen waren bleich, sein Atem ging unregel-
mässig. Die Mutter pflegte ihn. – Ein Jahr später

erkrankte mein Vater schwer und wurde wegen Über-
füllung des Lazaretts in Erholungsurlaub geschickt.
Nun ergab sich täglich die Situation, die meine Mutter
vorher geträumt hatte. Mein Vater wurde vom Heeres-
dienst nicht entlassen, wurde noch einige Male schwer
krank, wieder in Erholungsurlaub geschickt, und die
geträumte Situation wiederholte sich.»

«*Wandlung des Herzens*»

Freund Ludwig Katzenmaier aus Ludwigshafen, ein
Mann des Gebetes, schickte mir aus seinem Tagebuch
die folgenden Auszüge: 12. März 1948: Heute nacht
träumte mir, ich sei im Hause meiner Patentante in Ess-
lingen. Ich sah mich die Treppe hinabsteigen und die
Türe zur Küche öffnen. Wie ich die Türe hinter mir
schliessen will, verspüre ich einen leichten Gegen-
druck, als wollte noch jemand mit mir herein. Ich habe
ein gewisses Gefühl der Furcht, welches sich in dem
Gedanken ausdrückt: «Nein, jetzt noch nicht!» Darum
drücke ich stärker gegen die Türe, um sie vollkommen
zu schliessen. Aber mit sanfter Gewalt wird sie dennoch geöffnet, und herein kommt ein hübsches Mädchen, vollkommen in Schwarz gekleidet. Sie bietet mir
die Hand zum Gruss, in welche ich aber nicht einschlagen will.
Ich weiss innerlich, es ist der Bote des Todes. Sie redet
mich an, dass ich mich nicht fürchten solle; allerdings
mein irdisches Ende sei nahe. Wörtlich sagte sie:
«Wenn ein dir bekannter Hund schmutzig vor eurer
Haustüre sitzt und wartet, dass ihm geöffnet wird,
dann sind es nur noch wenige Tage, die du lebst.»
Ich sah dann einen Hund, einen langhaarigen Dackel,
deutete auf ihn und fragte: «Ist's dieser?» Die Antwort

wurde mir verweigert mit dem Bedeuten, dass mir weiteres Fragen nicht zustünde. Indem wechselte das Mädchen das Kleid, es zog das schwarze aus und ein weisses an. Darüber erwachte ich.

Als ich den Traum hatte, war ich bereits auf dem Wege der Genesung von einer monatelangen schweren Erkrankung. Auf dem Nachhauseweg von einem Spezialarzt besuchte ich eine mir befreundete Familie. Sie hatte unseren Hund gekauft, welchen ich grossgezogen hatte. Wie ich mich verabschieden will, kommt das zweitjüngste Töchterchen auf mich zu und sagt: «Denken Sie, dieser Tage ist Struppi durchgegangen. Nach langem Suchen haben wir ihn gefunden. Er sass bei euch vor der Haustüre.»

Das gilt dir, ging es mir durch den Sinn, verwarf jedoch sofort wieder den Gedanken. Die Diagnose des Arztes war ja nicht besorgniserregend. Etwa 10 Tage später bekomme ich einen schweren Herzkollaps. Es wird dunkel vor meinen Augen, ich liege in der Agonie. In meinem Herzen schreie ich zu Gott: «Lass mich bitte leben.» Viele Stunden in der Nacht ringen meine Mutter und eine Diakonisse um mein Leben. In der Morgendämmerung schlägt das Herz wieder gleichmässig. Viele Monate liege ich im Krankenhaus, ich muss weitere Monate liegen. In dieser Zeit vollzog sich eine Wandlung meines Herzens. Das Mädchen des Todes hatte mich berührt, das Kleid gewechselt. Es war nun im weissen Gewand zu einem Boten des Lebens geworden.

Der gute Hirte

In der Zeit, die meiner Bekehrung vorausging, sah ich mich eines Nachts im Traum an der Kommunionbank knien. Oben am Altare wandte sich der Priester und hob die heilige Hostie über den Kelch. Ich neigte das Haupt in Anbetung. Als ich es wieder erhob, sah ich den Priester die Stufen des Altares herabschreiten und mit dem Ziborium auf mich zukommen. Erschrocken blickte ich zu ihm auf und stammelte das «O Herr, ich bin nicht würdig!» Da verschwand das Bild, und ich erwachte mit klopfendem Herzen.

Das Gesicht hatte mich tief bewegt. Ich erkannte, dass der Heiland nicht aufgehört hatte, mich zu suchen. Am anderen Morgen, einem Samstag, wurde ich überraschend in einer dienstlichen Sache in die nächste Stadt, nach Nördlingen, geschickt. Nach meiner Ankunft hatte ich noch ein wenig Zeit, schlenderte durch die Strassen und lenkte dann meine Schritte zur Kirche. In dem Augenblick, als ich dort eintrat – es war gerade 10 Uhr –, sah ich das Traumbild der letzten Nacht wirklich: am Altare wandte sich ein Priester um und hob gerade die heilige Hostie mit den Worten: «Ecce agnus Dei ...», und während ich in einer der vorderen Bänke niederkniete, schritt er, als komme er auf mich zu, die Stufen des Altares herab, um einem einzelnen Mann an der Kommunionbank das Brot des Lebens zu reichen. Es war keine Messe. Ausser dem Kommunizierenden und mir war niemand in der Kirche.

Zu Fronleichnam bekam ich überraschend einen freien Tag – den ersten seit Wochen. Gedrängt von Sehnsucht nach dem Brot der Engel kniete ich in derselben Kirche zu Nördlingen, in der sich jenes nächtliche Traumgesicht verwirklicht hatte. Es war wieder genau 10 Uhr morgens, und ich war allein an der Kommunionbank, so wie ich es vorausgeschaut.

GEHEIMNISSE DER TIERWELT

*Ganze Weltalter voll Liebe werden
notwendig sein, um den Tieren ihre
Dienste und Verdienste an uns zu
vergelten.*   *Chr. Morgenstern*

Alle alten Religionen wussten um die symbolische
oder mystische Bedeutung der Tiere, vom Skarabäus-
Käfer, dem Ibis und dem Horus-Falken der Ägypter,
dem kretischen Stier, dem Adler des Zeus, der als
Zeichen des erwarteten Sieges den Legionen vorange-
tragen wurde, bis zu Daniels Vision und den grossen
Bildern der Apokalypse. Heute beginnt man langsam
wieder zu begreifen, dass das Tier teilhat am Geheimnis Gottes, eine Erkenntnis, die der Mensch in seiner
intellektuellen Hoffart nicht mehr wahrhaben wollte.
Noch Augustinus konnte schreiben: «Die vielgestal-
tige Güte Gottes kommt nicht nur zum Menschen,
den er nach seinem Ebenbilde schuf, sondern neigt
sich auch zu dem Tiere, das er dem Menschen unter-
worfen hat. Von ihm, von dem das Heil den Menschen, kommt auch den Tieren das Heil ... Der dich
heil macht, der macht auch heil dein Pferd und dein
Schaf, bis zum Kleinsten hinab.»
Ich halte es nicht unbedingt für Legende, dass der Bär
sich willig in den Dienst des heiligen Gallus nehmen
liess oder dass Franziskus den Vögeln, Antonius den
Fischen predigte. Tiere sind ansprechbar. Tiere wittern,
ob es sich um einen guten, die Schöpfung liebenden
Menschen handelt, oder um einen lieblosen. Man
kann immer wieder erleben, dass besonders Hunde wie
magisch angezogen zu einem völlig Fremden kommen
und sich streicheln lassen, während sie einen anderen
meiden oder gar ankläffen. «Die Tiere wissen, wer
wohlmeinend ist oder nicht», schrieb Jeremias Gott-

helf, «sie können dir Liebe erzeigen wie Menschen.»
Tausendfache Erfahrungen weisen uns zwingend auf
die Mysterien der Tierwelt hin, die schon im reinen
Naturbereich uns staunen machen, wie das Leben der
Bienen oder der Ameisen, der Vogelflug in den Süden
und die Wiederkehr. Blicke in das Auge eines Frosches,
einer Eidechse: Wunder! Denke an die Fischzüge in
den Tiefen des Ozeans, den Ruf des Pirols, das Leben
des Einsiedlerkrebses, den Tanz der Mücken am
Abend, das Spinnennetz, den Möwenflug: Wunder
über Wunder. Und eines der grössten: die Verwand-
lung der Raupe in den Schmetterling.

Schmetterlinge künden Zeugnis
von der Kraft, die Zartem inne ist,
auf Flügeln wie Blütenblätter
flattern sie auf über Meere,
über Gebirge, die machtvoll ragen.
Schmetterlinge sind Blumen,
die zu fliegen wagen.

Wie Regenbögen sprechen sie von Gott.
Was sie gemacht hat, muss etwas sein,
das Dinge um der Schönheit willen schafft.
Könntest du an sie glauben,
wenn du nur von Raupen wüsstest?

Sehe ich Schmetterlinge, tragen sie mich
auf ihren seidenzarten Schwingen empor!
Auch ich könnte wohl mehr sein,
als mein erdgebundener Gang offenbart.

James Dillet Freeman [34]

Wir haben in unserem Jahrhundert Dinge mit Tieren
erlebt, die erstaunlich sind. Gewiss, es gab sie schon
früher, aber man beachtete sie kaum. Heute beschäftigt
sich nicht nur die Verhaltensforschung mit ihnen,
auch die Parapsychologie. [35]

Gegenstand der wissenschaftlichen Beobachtung ist vor allem die Telepathie (Fern-Erfahren) zwischen Mensch und Tier und zwischen Tier und Tier. Von letzterer berichtete der russische Psychologe Naumow amerikanischen Besuchern ein interessantes Experiment in einem russischen Unterseeboot. Der Versuch wurde in dem bekannten Werk «Psi» [36] veröffentlicht: «Wir verwendeten keine menschlichen Medien, sondern eine Kaninchenmutter und ihre frisch geborenen Jungen. Wie Sie wissen, hat ein getauchtes U-Boot keine Möglichkeit, sich mit dem Land in Verbindung zu setzen. Das Funkgerät funktioniert nicht. Wissenschaftler brachten die jungen Kaninchen an Bord des Unterseebootes, während sie die Kaninchenmutter in ihrem Laboratorium behielten, wo sie ihr Elektroden ins Gehirn einsetzten. Als das Unterseeboot tief unter Wasser war, wurde eines der Jungen nach dem anderen getötet. Die Kaninchenmutter wusste natürlich nichts davon, und doch reagierte ihr Gehirn in jedem synchronisierten Augenblick des Todes. Und unsere Instrumente registrierten ganz deutlich diese Augenblicke von aussersinnlicher Wahrnehmung.»

Sichere Vorausahnungen

Dass Tiere drohende Gefahren vorausahnen können, ist weithin bekannt. Einer meiner Freunde eilte im Zweiten Weltkrieg bei Grossalarm in Stuttgart mit seinem deutschen Schäferhund auf ein bestimmtes Haus zu, in dessen Keller er sich immer am sichersten gefühlt hatte. Beim Betreten des Hauseingangs stutzte der Hund, jaulte kurz auf und rannte quer über die Strasse, gefolgt von seinem Herrn, in einen ihm unbekannten Keller. Kaum waren sie geborgen, als auf das vom Hund gemiedene Haus ein Volltreffer fiel: alle, die dort Zuflucht gesucht hatten, kamen ums Leben. Im Freiburger Stadtgarten hat man einer Ente ein Denkmal gesetzt. Sie hatte unmittelbar vor dem schweren Bombenangriff vom 27. November 1944 durch ihr schrilles, aufgeregtes Geschrei die Umwohnenden aufmerksam gemacht, die dann noch rechtzeitig den rettenden Bunker aufsuchen konnten. Man erinnerte sich damals an die römischen Gänse, die 390 v. Chr. vor dem Sturm der Kelten auf das Kapitol durch ihr Geschrei warnten. Seitdem gibt es unzählige Beispiele von Präkognition (Vorausahnen) oder einer Art hellseherischer Fähigkeit bei Tieren. So sollen, um nur einige Fälle der letzten Jahre anzuführen, 1966 vor dem Deichbruch an der Unterelbe in der Erde hausende Vierbeiner, wie Mäuse, Kaninchen u. a. ihre Höhlen verlassen haben. Und im Januar 1977 flohen die Mäuse aus dem Hause des Geschäftsmannes McDonald in Glasgow. Zwei Tage später stürzte der Betreffende im Privatflugzeug ab.[37] Am 29. Februar 1960 erlitt Marokko einen schweren Schlag. Die Katastrophe kündigte sich damit an, dass im Umkreis des Seebades Agadir die Hunde bellten, die Katzen sich balgten und die Esel schrien. Innerhalb einer Viertelstunde war die elegante Strandkulisse des Fünfsternehotels von einem Erdbeben in Trümmer gelegt, das 20 000 Todesopfer forderte.

Vom letzten Erdbeben in Rumänien Anfang März 1977 wurde berichtet, dass in Bukarest drei Minuten vor dem Ausbruch der Katastrophe ein Hund jämmerlich zu heulen begann. Seine Herrin führte das Tier schliesslich nach draussen. In der letzten Minute, doch um Sekunden zu spät, entschloss sich auch der Mann, die Wohnung zu verlassen. Frau und Hund waren, wie die Zeitungen damals berichteten, in Sicherheit, der Mann aber wurde kurz vor der Türe unter den Trümmern des Hauses verschüttet.

Kurz vor dem Ausbruch des Bebens kam in ein Hotel in Kusjak in Ostserbien ein Hund gerannt, höchst unruhig, wie toll die Leute anfallend, darunter eine Frau, die ihn regelmässig fütterte. «Vielleicht hat das Tier eine Botschaft übermitteln wollen, die niemand verstand», schrieb damals die kommunistische Zeitung.

Tiere künden den Tod

Tiere können auch den Tod anzeigen. Frau Margarete Brinkmann im Karlsruher Wohnstift erzählte mir folgende seltsame Begebenheit: Meine Mutter sass einmal am Sterbebett einer alten Dame. Gegen Mitternacht sah sie auf dem Fussboden einen sich bewegenden Streifen, etwa 5 bis 10 Zentimeter breit, von der Bettstatt ausgehend bis zur Tür. Bei näherem Hinsehen erkannte sie lauter winzige dunkle Tierchen, sogenannte «Totenwürmer», wie man sie bei uns auf dem Lande in Westfalen nannte. Der Zug bewegte sich weiter unter der Tür her über den Flur, unter der Etagentür durch die Treppe hinunter. So weit hat meine Mutter den Zug verfolgt. Es dauerte wohl fünf Minuten, bis alle Würmchen draussen waren. Zwei Stunden später starb die alte Dame.

Im Augenblick des Sterbens von Roland de Jouvenel liessen sich nach der Schilderung seiner Mutter[38] in «Einklang der Welten» zwei Tauben auf der Fensterbrüstung nieder. Als ich einmal vor einem Kreis von gut einem Dutzend Menschen aus diesem Werk vorlas und an diese Stelle kam, erblickte zuerst eine unserer Bekannten, eine medial veranlagte Dame, dann wir alle zwei Tauben, die eben in die mit Glyzinien überwachsene Laube vor unserem Wintergarten eingeflo-

gen waren. Wir hatten weder vorher noch irgendwann
später dort Tauben bemerkt.

Im Sommer 1976 erblickten wir auf der Balkonbrü-
stung unserer Hochhauswohnung eine ungewöhnlich
grosse Taube, die erste, der wir nach 5 Jahren unseres
dortigen Aufenthaltes begegneten. Sie wich bei unserem Erscheinen nicht von der Stelle, erstaunlicher-
weise auch nicht, als wir auf den Balkon hinaustraten.
Es war nachmittags 4 Uhr. Bis morgens 8 Uhr blieb sie
unbeweglich sitzen. Dann flog sie ohne jeden erkenn-
baren Anlass davon. An diesem Tag erfuhren wir, dass
um die Zeit, als die Taube sich bei uns niederliess, unser
Nachbar K. L. der früheren Wohnung gestorben war.
Der Mann hatte immer wieder versucht, näher mit uns
in Verbindung zu kommen. Daran wurde ich jetzt
schmerzlich erinnert.

Der französische Dominikanerpater Reginald-Omez
zitiert in seinem Buch «Kann man mit den Toten in
Verbindung treten» den Fall des Windhunds Wamar,
über den die Professorin Rosa Gaggero dem Turiner
Tierschutzverein einen Bericht unterbreitete. Wamars
Herr, der Flugzeugpilot Mario Galli, fiel im Kampf am
27. Juni 1936 in Abessinien. Der Windhund, der im
Haus seines Herrn in Turin geblieben war, begann am
gleichen Tag Zeichen der Unruhe zu geben, gab Laute,
schnupperte lang, als ob er etwas in der Ferne wahrneh-
men wollte, jammerte. Er ging in das von seinem Herrn
verlassene Schlafzimmer, legte sich an seinem Bett nieder, lehnte jede Nahrung und jedes Trinken ab – bis
er an Erschöpfung starb, trotz aller Bemühungen eines
Tierarztes. Das Telegramm, das den Tod des Fliegeroffi-
ziers mitteilte, erhielten seine Familienangehörigen
erst einige Tage nach diesem seltsamen Verhalten
Wamars, das ihnen die Vorahnung des Todes seines
Herrn gegeben hatte.

*

Tief bewegt haben mich Begegnungen mit Tieren, die meinen Geist über das rein Sinnenhafte hinausführten. Da war der Ostertag 1977 in Maria Laach. Es hatte geschneit, die Landschaft am See machte einen trüben winterlichen Eindruck, so dass kaum österliche Freude bei mir aufkommen konnte, als ich am östlichen Seeufer spazieren ging. Plötzlich stieg, keine zehn Schritte von mir entfernt, eine Lerche in den wolkengrauen Himmel auf, trillernd und jubilierend, so hoch, dass sie meinen Blicken fast entschwand, um dann wie ein Stein auf die weite Uferwiese herabzustürzen. Die kleine Vogelstimme war so voller Jubel, dass in mir trotz aller nebelgrauen Wolken die Ostersonne schien. In Maria Laach war es auch, wo mir am 25. August 1976 in dem vom Kreuzgang umschlossenen kleinen Klostergarten an der Südseite der Kirche Seltsames geschah: Auf der Spitze eines hohen Lebensbaumes sass eine Taube. Ich hatte sie kaum erblickt, als eine zweite, grössere heranschwebte und sich dicht neben sie setzte. Das wäre mir nicht als etwas Besonderes aufgefallen, wenn bei diesem Anblick nicht in mir sofort die bekannte mittelalterliche Christus-Johannes-Gruppe lebendig geworden wäre, der Meister den Lieblingsjünger um Haupteslänge überragend.[39]
Ich spürte das Gleichnishafte, verharrte lange meditierend und empfand eine solche Geborgenheit in der Liebe Jesu, dass ich seinen Arm leise um meine Schultern gelegt glaubte. Ich weiss nicht, wie lange ich so verharrte, immer die Gruppe der beiden Tauben vor Augen, die eng aneinander geschmiegt auf dem höchsten Wipfel wie in den Himmel ragend erschienen: In mir war ein unbeschreiblicher Friede. Was da wirklich geschah, lässt sich mit Worten nicht sagen. So wird es auch bei den weiteren Berichten sein, bei denen der äussere Vorgang nur sinnbildlich verstanden werden kann.

Der Besuch des Eichhörnchens

Eine höchst merkwürdige Begebenheit geschah im August 1976 auf dem Salzburger Mönchsberg. Während des kurzen Mittagsschlafes sah ich im Traum ein Eichhörnchen zu mir kommen, es schmiegte sich in meine rechte Hand. Mit allen Anzeichen von Hilfe suchendem Vertrauen leckte es mir mit dem rosa Zünglein die Finger, kroch bis in die Ärmelöffnung, kurz, es war mir beim Erwachen als etwas Seltsames noch lebendig gegenwärtig, als ein Traumgesicht, wie ich es ähnlich nie hatte.

Drei Stunden später drängte es mich auf den Friedhof bei der Stiftskirche St.Peter. Ich nahm aber – wie von fremder Hand geführt – einen anderen Weg als sonst, eine kleine Treppe hinunter in eine ganz vergessene Ecke des Friedhofs. Plötzlich stand ich vor einem rötlichen Grabstein. Ich sah zunächst nichts anderes als das Relief eines fast lebensgrossen Eichhörnchens: das Wappentier des Sebastian Miller, der mit seiner Frau Barbara hier begraben liegt. Vor genau 400 Jahren sind sie gestorben.

Sofort war mir das Traumgesicht des Mittags lebendig. Diese Aufeinanderfolge im Laufe weniger Stunden musste etwas zu bedeuten haben. Ich ahnte es dunkel und fühlte mich gedrängt, für die beiden unbekannten Toten zu beten.

Am übernächsten Morgen sah ich zu meiner Überraschung vor dem Fenster meines Zimmers im Geäst des Gebüsches ein Eichhörnchen munter herumspringen, genau in Höhe meines Gesichts im Rahmenausschnitt meines Fensters. Ich hatte vorher in zehn Tagen hier nie ein Eichhörnchen gesehen, auch während der darauf folgenden Woche bis zu meinem Weggang bemerkte ich keines mehr.

An einer ruhigen Uferbucht der Donau bei Nieder-Altaich erlebte ich eine Begegnung mit dem scheuen Eisvogel, der nicht mehr als drei Meter von mir entfernt auf einem Weidenzweig über dem Wasser sass. Er drehte sich nach einer Weile sogar nach mir um und schien, als ich leise zu ihm sprach, durch eine bestimmte Kopfbewegung Antwort geben zu wollen. Meine Geschichte mit dem Eisvogel ist so seltsam, dass ich sie erzählen muss.

Auf einer Eisenbahnfahrt von Nördlingen nach Donauwörth ein Jahr vor Ende des Zweiten Weltkrieges fiel mir unvermittelt Ernst Wiechert ein, «Das einfache Leben», und wie meine Augen vom Zugfenster die Ufer eines Baches entlang blicken, geht mir plötzlich der «blaue Blitz» des Eisvogels durch den Sinn, dem Thomas und Marianne, die Hauptfiguren des Romans, verzückt nachschauten. Ich habe nie einen Eisvogel gesehen, ging es mir durch den Kopf, noch nie ist der schimmernde Saphir seines Gefieders vor meinen Augen aufgezuckt. Warum ich nur so daran denken muss? –

Am Bahnhof in Donauwörth gerate ich in den Strom Menschen, die in die Stadt drängen. Links geht ein grasbewachsener Pfad zum Fluss hinunter. Dieser kleine, abseitige Weg lockt mich an. Kaum stehe ich am Wasser, da zuckt der Eisvogel vorüber. Es ist so schnell gegangen wie eine Sternschnuppe in der Nacht, dass ich mich einen Augenblick besinne, ob ich nicht geträumt habe. Aber ich kann mich nicht getäuscht haben. Das auf der Fahrt erschaute Bild hatte sich erfüllt.

Der Eisvogel hat mich dann auf eine merkwürdige Weise durch die schwere Zeit begleitet. Das zweite Mal sah ich ihn im Park von Öttingen. Am Tag des

Herbstanfangs stand ich auf einer Holzbrücke und verfiel in einen Zustand träumerischer Abwesenheit, als ich plötzlich zusammenzuckte: der Eisvogel schwirrte unter mir her durch die Brücke nach Westen zu. Ich machte mir auf dem Rückweg zum Flugplatz meine Gedanken darüber und war nicht sonderlich überrascht, als ich anderntags in früher Morgenstunde geweckt wurde. Eine Ordonnanz erschien und meldete, dass ich mich sofort fertig machen müsse, ich sollte an die Front.

Wir lagen in einem von Woche zu Woche enger zusammengedrückten Brückenkopf im Elsass. An einem Sonntagnachmittag gegen Ende Januar stand ich an der Schleuse eines vereisten Kanals und betrachtete die funkelnden Gebilde der Eiszapfen am Ufergebüsch. Plötzlich bemerkte ich auf einem Ast den Eisvogel. Wie ich näher hinzukam, flog er auf und liess sich ein wenig abwärts auf einem kahlen Busch nieder, um schliesslich, als ich dorthin folgte, nach Westen davonzuschwirren. Nicht viel später geriet ich in Gefangenschaft und wurde über die Vogesen nach Frankreich hinein fortgeschafft.

Frühjahr und Sommer gingen hin, ich kam von einem Lager zum anderen. Im Lager zu Ch. fand ich einen Freund, der das Lager täglich verlassen konnte. An einem milden Herbsttag nahm er mich einmal mit. Wir schlenderten durch den alten Park. Endlich liess mich der Freund am Ufer eines kleinen Baches allein mit dem Bemerken, ich könne hier ruhig verweilen, er wolle mich in etwa einer Stunde wieder abholen. Als ich einmal die Augen erhob, sah ich den Eisvogel, gefolgt von seinem Weibchen, vorüberfliegen. Dem zurückkehrenden Freund wäre ich fast um den Hals gefallen: «Ich komme heim!» rief ich ihm zu. Er sah mich verständnislos an. «Du wirst sehen», sagte ich, «dass ich recht habe. – Ich habe den Eisvogel gesehen!»

Er machte nur einen schwachen Versuch, mir die Unmöglichkeit meiner Hoffnung darzulegen. Um so erstaunter war er, als er kurze Zeit danach erfuhr, dass ich mich unter den ganz wenigen befand, die entlassen wurden.

Nach der Heimkehr, in der Nacht vor der Hochzeit, begegnete ich in einem merkwürdigen Traumgesicht dem Vogel wieder. Ich fand mich in einer lichten Winterlandschaft am Ufer eines unter einer Schneedecke begrabenen Baches, vor mir zwei Drähte wie von einem Zaun; dahinter auf einem kahlen in den Himmel ragenden Ast sass der Eisvogel. Ich beugte mich behutsam vor, um ihn genauer betrachten zu können. Er war keine drei Schritte von mir entfernt auf der andern Seite des Baches. Plötzlich wandte er den Kopf und blickte mich an mit Augen, wie ich sie so schön noch bei keinem Wesen gesehen hatte. Ein amethystener Glanz von überirdischer Schönheit leuchtete mir entgegen. Zugleich entfaltete er sein Gefieder, und eine Farbenpracht, die nicht von dieser Welt war, öffnete sich wie die Innenseite eines zauberhaften Fächers vor meinen Augen. Die paradiesische Schönheit der Erscheinung liess mich mit klopfendem Herzen erwachen. Es war wie ein Abschied nach einer Zeit rätselhafter Gemeinschaft. Bei der letzten Begegnung am Donau-Ufer scheint das Traumgesicht Wirklichkeit geworden zu sein.

Die Zeit der Wirrnisse und Gefährdungen war vorüber. Die Mythologie und Allegorie, die ich später befragte, konnten zwar nichts erklären, aber doch eine schöne Sinngebung vermitteln. Nach antiker Auffassung war der Eisvogel ein Meeresvogel, der zur Winterszeit am Strand brütet, und für den sich das stürmische Meer sieben Tage vor und sieben Tage nach der Wintersonnenwende beruhigt. Das war für einige Kirchenväter ein Beweis dafür, dass Gott, wenn er schon um eines kleinen Vogels willen die Wogen stillt, auch für den Menschen alles zum Besten wendet.[40]

Liebe begegnet der Liebe

Wir sind mit allem Lebendigen zutiefst verbunden. Wenn unser Herz von Liebe zu den Geschöpfen bewegt ist, dann kommen sie uns entgegen, Liebe begegnet der Liebe. Nicht nur Heilige wussten um die Bruderschaft mit Pflanzen und Tieren[41], auch zahllose Sensitive. «Liebet die Tiere», schreibt Dostojewski, «liebet die Pflanzen, liebt jedes Ding! Wirst du aber jedes Ding lieben, dann wirst du auch Gottes Geheimnis in den Dingen erfassen.»

In seinem Essay über Franz Anton Mesmer, den Entdecker des «tierischen Magnetismus», schreibt Reinhold Schneider[42]: «Kommt er (Mesmer) auf die Insel Mainau, wo die Kanarienvögel, von dem Wasserspiegel umschlossen, frei zwischen den Rosenbüschen flattern, so fliegen die schimmernden gelben Vögel auf ihn zu, bleiben in seiner Nähe, wenn er sich setzt, und folgen ihm noch bis auf sein Boot. Einen solchen Vogel nimmt er auch mit in sein stilles Zimmer nach Meersburg. Dort lässt er ihn im offenen Käfig leben; früh fliegt der Vogel zu ihm herüber aufs Bett, setzt sich auf seinen Kopf und weckt ihn mit einem Lied; abends, wenn der Vogel den Kopf zwischen die Federn steckt, legt auch der Greis sich nieder. Es ist der gleiche Strom der unbegrenzten Flut, der ihn wie das Tier bewegt.»

Reinhold Schneider hatte mit Franz Anton Mesmer, einem seiner Vorfahren, das aussergewöhnliche Verständnis für Tiere gemeinsam, die Liebe auch zur geringsten Kreatur. Von ihr kündet das von Maria van

Look[43] veröffentlichte, zwei armseligen Schnecken gewidmete Gedicht. Es ist von inniger Naturmystik beseelt und von einer in Schneiders Lyrik ungewöhnlichen Formkraft.

Die Schnecken

Hoch aus den Häusern gewunden,
trübe im Dämmerlicht
Ruhen sie feiernd verbunden,
Reglos Gesicht an Gesicht.

Wie Bäume sich überneigen,
Wie Muschelhörner der Flut
Geheimnisvoll entsteigen,
Durchrauscht von kühlem Blut.

Sie sinken innig umfangen,
Noch immer Gesicht an Gesicht,
Leben in Leben vergangen,
Die Fühler betasten sich nicht.

Die Augen nur spürend beben
Von stummer Nähe Gewalt –
Und langsam teilt sich ihr Leben
In jede eigne Gestalt.

Und fühlt sich zum letzten Male
Und schwindet, nur zögernd bereit,
Schmerzlich zurück in die Schale
Steinerner Einsamkeit.

(3. Juli 1947)

Aus den Aufzeichnungen von Frau van Look sei noch die merkwürdige Begegnung des Dichters mit einer Feldmaus zitiert: «Eines Tages war es statt der Vögel, die er täglich fütterte, statt des kleinen vorwitzigen

Eichkaters ein winziges graues Mäuslein, das sich in seinem Stübchen einfand und vor seinen Augen in aller Seelenruhe die Brotkrumen futterte, die es auf dem Boden fand. Das Mäuslein schaute ihn zuerst unverwandt an, dann sprang es zu ihm herauf und liess sich ohne die geringste Furcht in seine Hand nehmen. Anna-Maria Baumgarten schaute ängstlich zu, bis er es behutsam auf die Terrasse trug. Er verschloss die Türe und legte sich wieder hin. Aber nach kurzer Zeit erscheint das Mäuschen wieder. Mit einem kleinen behenden Sprung ist es bei ihm und läuft in aller Gemütsruhe bis fast vor sein Gesicht. Wieder nimmt er es fürsorglich in seine grosse Hand und trägt es jetzt in den Garten, in eine stille Ecke, wo er glaubt, dass es die neugierigen Hausbewohner nicht aufstöbern würden. Müden Schrittes kehrt er zurück und legt sich erschöpft wieder hin; aber das Mäuslein findet noch einmal den Weg zu ihm. Jetzt trägt er es in die dunkelste Tiefe des Gartens hinein, so weit, dass es wohl kaum mehr zurückfinden würde.»

Für das besondere, manchmal erstaunliche Verhältnis des Menschen zu Tieren gibt es zahllose Beispiele. Georg Ehrhardt[44] spricht von einer magischen Verbundenheit zwischen Franz Marc und seinen Tieren. Als der Maler 1916 in Frankreich fiel, starben zu Hause alle seine Hunde, Katzen und Rehe. Der Maler Hermann Klöckler, der am Albis-Pass, hoch über dem Zürichsee ganz im Grünen wohnte, hatte für die Meisen in seinem Garten eigene Namen; es kam, wenn er die Hand mit dem Pinienkern ausstreckte, nur immer der Vogel, den er gerade lockend rief.

Zuletzt noch ein Beispiel von Freundschaft unter Tieren, die von ihrer Natur her eigentlich Feinde sein müssten, wie Katze und Vogel. In der Wohnung einer mir bekannten alten Dame in K. hatten sich eine Katze und ein Kanarienvogel in einer Art Kameradschaft gefunden, von der alle Besucher entzückt waren. Oft sass ihre Herrin lächelnd und mit gefalteten Händen im Lehnstuhl, um dem Spiel der beiden zuzuschauen. Eines Nachmittags bot sich ihr ein unbegreiflicher, erschreckender Anblick: Die Katze stürzte sich plötzlich auf ihren Spielgefährten, schnappte ihn und trug ihn zwischen den Zähnen mit einigen behenden Sprüngen auf den Kleiderschrank; dabei äugte sie ängstlich nach dem offenen Fenster. Jetzt erst bemerkte die alte Dame, dass dort ein kräftiger schwarzer Kater sass, der es auf den Vogel abgesehen hatte. Sie verscheuchte das Tier, schloss das Fenster und wandte sich dann ihrer Katze zu. Auf den lockenden Ruf ihrer Herrin sprang sie vom Schrank herunter und brachte ihr den Kanarienvogel, der im gleichen Augenblick, aus der behutsamen Schutzhaft befreit, zwitschernd im Zimmer umherflog. Die Katze, die rascher als der Mensch die drohende Gefahr bemerkte, hatte ihrem gefiederten Spielgefährten das Leben gerettet.

Es gibt offenbar noch manche andere Möglichkeiten, wie Tiere sich zu Hilfe kommen können. Mein Freund, der Komponist Eugen W. Velte, Karlsruhe-Rüppurr, besitzt einen Hund von unwahrscheinlicher Sensibilität. Er verstehe, so versicherte mir sein Herr, jedes Wort. Wenn er im Garten Vögel angstvoll schreien hört, rast er sofort hinaus. Er weiss, dass jetzt die Vögel von einer Katze bedroht sind. Dieser Katze, ob er sie gleich zu Gesicht bekommt oder ob sie noch im Verborgenen lauert, jagt er nach und kommt erst wieder ins Haus zurück, wenn die Vögel sich beruhigt haben.

ZAHLEN UND DATEN

*Alles hast Du wohlgeordnet
nach Mass, Zahl und Gewicht.*
Buch der Weisheit

Mit Zahlen und Daten gibt es merkwürdige Erfahrungen, oft so auffällig, ungewöhnlich, dass kein Deutungsversuch so unzulänglich wäre wie die These, es könne sich nur um Zufälle handeln. Das ganze Buch der Natur ist, nach einem Ausspruch Galileis, mit mathematischen Formeln geschrieben. Ihr letzter Grund aber bleibt Geheimnis. «Du musst deinen Sinn allhier im Geist erheben und betrachten, wie die ganze Natur mit allen Kräften, die in der Natur sind, dazu die Weite, Tiefe, Höhe, Himmel, Erde und alles, was darinnen ist, und über dem Himmel, sei der Leib Gottes; und die Kräfte der Sterne sind die Quelladern in dem natürlichen Leibe Gottes in dieser Welt.» [45]

Die Kultur- und Religionsgeschichte der Menschheit weiss bis in früheste Zeiten hinein von kosmischen Einflüssen auf unsere Erde. Astrologie und Zahlenmystik sind uralte Versuche, dem Geheimnis auf die Spur zu kommen. «Schon Plato könnte gewusst haben, in welchem geheimnisvollen Zahlennetz die Masse der Cheopspyramide stehen; ihre Höhe ergibt, mit einer Milliarde multipliziert, die Entfernung der Erde von der Sonne, und die inneren Proportionen der Pyramide lassen immer wieder die Zahl der Tage des Jahres errechnen und stehen in einem genauen Verhältnis zur Polarachse der Erde. In diesem Bezug erscheint der tote Pharao als ‚irdischer Polarstern‘.» [46]

Die Kabbala entwickelte ein eigenes System von Zahlenmystik, die auch in Rembrandts Radierung «Faust» und in Dürers bekanntem Meisterstich «Melancholie» ihren Niederschlag gefunden hat: Die Quersumme der Zahlen auf dem «magischen Quadrat» ergibt jeweils die Zahl 34, und die Zeiträume innerhalb der in dem Quadrat ablesbaren Daten ergeben je 365 Tage; ausserdem ist in der unteren Reihe die Zahl 1514 enthalten, das Jahr der Entstehung des Stichs.[47]

Auch die mittelalterliche Scholastik beschäftigt sich spekulativ mit diesen Dingen.[48] Noch im späten 16. Jahrhundert war es möglich, einer Kirche zur Einweihung ihr Horoskop zu stellen, wie es beispielsweise an der Südseite des Turmes der Kloster-Basilika in Nieder-Altaich zu finden ist. Was mit der Aufklärung verloren gegangen war, wird von einigen neueren Schriftstellern, wie Ursula von Mangoldt und Alfons Rosenberg, wieder neu und anders in unser Blickfeld gerückt.

Heilige Zahlen

Die wichtigste der seit alten Zeiten heiligen Zahlen ist die 3. Sie spiegelt sich in der Trinität und findet sich an vielen Stellen der Bibel: die Söhne Adams, ebenso des Noah, drei Erzväter, drei Könige aus dem Morgenland, dreimalige Verleugnung des Petrus, Auferstehung Jesu am dritten Tage u. a. Jehovas Bund mit seinem Volk wird durch den in dreiteiliger Ordnung gebauten Tempel in Jerusalem sichtbar gemacht: Vorhof, Heiliges und Allerheiligstes. Dreimal ertönt zu seinem Lob das «Heilig».

Die 4 ist die Zahl der Erde. Auf sie weisen die Paradiesflüsse und die Jahreszeiten hin, die Temperamente, die grossen Propheten, die vier Wesen Ezechiels wie die Evangelisten, die letzten Dinge, die Kardinalstugenden, die Richtungen des Kreuzes und ihre Entsprechung in der sakralen Architektur. Die 5 wird auf

die Wunden Jesu bezogen und hat in der fünfblätt-
rigen Rose Symbolgestalt gefunden. Sie entspricht den
Fingern einer Hand und der Zahl der Sinne. Im Gleichnis von der plötzlichen Ankunft des Bräutigams in der
Nacht werden fünf kluge und fünf törichte Jungfrauen
genannt (Mt 5, 1).

Von den Kirchenvätern wird die 7 wiederholt als
die Zahl der Fülle bezeichnet, als Summe des Seins,
aufgebaut aus der 4 der Schöpfung und der 3 der Gottheit. In 7 Tagen war das Schöpfungswerk vollendet.
Es gibt sieben Tage der Woche, sieben Stufen zum
Tempel Salomos, den siebenarmigen Leuchter. Von
den zahlreichen Beziehungen zum Alten Testament
sei noch an die mageren und fetten Kühe in Pharaos
Traum erinnert, an die Taube Noahs, die sieben Tage
fortbleibt, und an das Laubhüttenfest, das am siebenten Tage des siebenten Monats gefeiert wurde. In der
Apokalypse finden sich neben den Siegeln des Buches,
den sieben Posaunen und den sieben Geistern, die um
den Thron Gottes stehen, noch weitere Hinweise auf
diese mystische Zahl, die sich auch in den sieben Worten Jesu am Kreuze, den Gaben des Heiligen Geistes
und in der Zahl der Sakramente manifestiert.[49]

Die 9, auf die schon früh meine Aufmerksamkeit
gelenkt wurde, ist die potenzierte 3. Sie fand in allen
Kulturen in mystischer oder symbolischer Form Ver-
wendung. Die Vorstellung, dass sie die Zahl der Voll-
endung sei, geht vielleicht auf das neunmonatige Werden des Kindes im Mutterleib zurück, das in An-
wendung der uralten Lehre von der Entsprechung das
Biologische als Spiegelung des Kosmischen erscheinen
lässt.

Die neunstöckige Pagode war den Chinesen ein Sinnbild des Himmels. Wie die Sieben, so ist auch die Neun
eine bevorzugte Zahl der Apokalypse. Die 144 000
Auserwählten (Apok. 7, 4) und noch einmal die gleiche

Zahl derer, die dem Lamme folgen (Apok. 14, 1), aber auch die Zahl des Tieres 666 (Apok. 13, 18) ergeben in der Quersumme die Neun.

Jesus stirbt in der neunten Stunde, auf sie weist die Non im Stundengebet der Kirche hin. Erwähnt seien noch die neun Chöre der Engel und die Planeten, die ihre volle Zahl erst in neuerer Zeit durch die Entdeckung des Neptun (1846) und des Pluto (1930) erreicht haben.

Auffällig ist der Neuner-Rhythmus im Leben des hl. Papstes Pius X. (9 Jahre Kaplan, 9 Jahre Pfarrer usw.).

Mit den Tierkreiszeichen zusammenhängend spielt schliesslich die 12 eine bedeutende Rolle. Wir finden sie bei den kleinen Propheten, den Brüdern Josephs, den Stämmen Israels, den Edelsteinen im Brustschild des Hohen Priesters, den Sibyllen und den Aposteln Jesu. Sie ist die Grundzahl des Neuen Jerusalems der Apokalypse, ganz allgemein die Zahl der Ordnung, die in den Monaten des Jahres und dem Stundenrhythmus unserer Tage ihren Ausdruck findet.

«Meine schicksalsschwere Zahl»

Der 1918 in Malang auf Java gestorbene Dichter *Max Dauthendey* berichtet [50]: «Meine, mich durch das ganze Leben begleitende schicksalsschwere Zahl ist die Zahl 23. 23 Jahre nach dem Tode meiner Mutter starb mein Vater, und ich kann sicher sein, dass immer der 23. jedes Monats mir irgendeine schwerwiegende Nachricht, eine Schicksalswende, einen besonderen Glücksfall oder aussergewöhnlichen Unglücksfall bringt. Trete ich eine Reise an, so will es der Zufall, dass das meist am 23. des Monats geschieht. Und habe ich

Verträge zu unterschreiben, die wichtiger Natur sind, so ist es sicher am 23. Monatstag, an welchem ich meine Unterschrift geben muss. Das Haus, in welchem ich wohne und dieses niederschreibe, trägt die Nummer 23, und an einem 23. eines Monats wurde die Wohnung bezogen.» – Es kann uns nach diesen Erfahrungen des Dichters nicht verwundern, dass er genau 23 Jahre nach seines Vaters Tod gestorben ist.

Aus den autobiographischen Aufzeichnungen *Werner Bergengruens*[51] erfahren wir zweimal von auffälligen Zahlen seines Lebens: «Im Jahre 1936 zog ich in die Hirschenstrasse Nr. 36 nach Solln, das zum 36. Münchner Bezirk gehört. Kurz zuvor war die Hanseatische Verlagsanstalt mit der Postadresse ‚Hamburg 36‘ mein Verlag geworden. (1943)»

«In einem der früheren Bände des Compendium Bergengruenianum habe ich die merkwürdige Rolle festgehalten, die bei meiner ersten Säbelmensur die Zahl elf spielte: Damals brachte ich am 11. 11. 1911 meinem Gegner elf Nadeln bei und führte im elften Gange ab. Jetzt, einundfünfzig Jahre später, gab es dazu noch einen, freilich zahlenmässig etwas schwächeren Nachklang. Denn am 11. 11. 1962 wurde mir in einem auf elf Uhr vormittags angesetzten Fest-Aktus in Stuttgart der Schiller-Gedächtnis-Preis verliehen. (1962)»

Bedeutungsvolle Daten

In den Biographien mancher sensitiven Menschen finden sich Aufzeichnungen über bestimmte Daten, die für sie von schicksalhafter Bedeutung wurden. So hat *Goethe* den 22. März – wie mehrere mit ihm befreundete Personen versicherten – als einen für sein Leben besonders einflussreichen Tag gehalten, ja er glaubte, dass der übrige Teil des Jahres sich glücklich für ihn gestalten werde, sobald dieser Tag gut vorübergegangen war. Tatsache ist auch, dass er sich während seiner letzten Erkrankung sorgfältig nach dem Datum erkundigte, wie es noch am Morgen seines Sterbetages (22. März 1832) der Fall war.» [52]

Eduard Mörike schrieb in Weilheim, wohin er im Herbst 1833 als Diakonatsverweser versetzt worden war, die folgende Begebenheit nieder: «Kurz vor den Christfeiertagen des Jahres 1833 träumte mir, ich befinde mich in einem kleinen, völlig leeren Zimmer; die Wände waren weiss getüncht und kahl, nur sah ich auf einer derselben einen Kalender in Form eines einfachen Folioblattes angebracht. Die Schrift war allenthalben wie in weissen Nebel aufgelöst und nichts zu unterscheiden bis auf eine Stelle, wo zwei aufeinanderfolgende Tage, der eine schwarz, der andere rot gedruckt, stark hervortraten. Der erstere war deutlich als der 24., ohne weitere Bezeichnung, der zweite weniger bestimmt angegeben, doch zeigte die Farbe offenbar einen Sonntag oder Feiertag an. Ich stand dicht vor dem Blatt und war im Hinsehen auf die schwarze Zahl sogleich von Schmerz ergriffen, denn alsbald wusste ich, dass mir jemand an diesem Tage sterben würde. Irgendeine bestimmte Person schwebte mir nicht entfernt dabei vor. Allein am 26. Dezember erhielt ich ein Schreiben aus Stuttgart mit der Nachricht, dass mein Oheim Dr. Mörike daselbst am Vorabend des Christfests, den 24., auf der Strasse von einem Hirnschlage getroffen und wenige Minuten darauf in einem fremden Haus gestorben sei.» [53]

Karl Klüpfel, der Biograph *Gustav Schwabs*, berichtet von einem ähnlichen Fall, der sich im Jahre 1840 auf einer Reise Schwabs nach Heidelberg abspielte: «Schwab war am Morgen des 7. Oktober in Heidelberg eingetroffen und in Ullmanns Hause abgestiegen. Als ihm dieser von der Krankheit seines Sohnes sagte, erschrak er sogleich heftig, und machte sich um so weniger Hoffnung auf die Rettung des Kindes, als er unterwegs mitten im fröhlichen Reisegefühl eine Ahnung gehabt hatte, die ihm schon öfters in seinem Leben ein schweres Ereignis vorausverkündete: Müde im halben Schlummer im Reisewagen sitzend, sah er plötzlich auf dem aufgeschlagen in seinem Schoss liegenden Notizbuch die Worte verzeichnet: ‚Schwab † 14. Oktober.' – Der Anblick rüttelte ihn auf, und bei näherer Besichtigung war das Blatt leer. Es kam ihm kein anderer Gedanke als der: Sollte meinem Leben ein so nahes Ziel gesteckt sein? Doch er fühlte sich in voller Gesundheit und dachte bald nicht mehr an das Unglückszeichen. Als aber nach den ersten Stunden seiner Rückkehr die Betäubung des Kranken immer zunahm, seine Phantasien immer heftiger wurden und fast jede Teilnahme an äusseren Vorgängen schwand, da musste seine Erinnerung und mit ihr eine andere Deutung sich aufdrängen: Die letzte schwache Hoffnung klammerte sich daran, dass der 14. Oktober nur der Gipfelpunkt der Lebensgefahr sei und durch eine glückliche Krisis diese überwunden werden könnte. Aber an diesem Tage traten Erscheinungen ein, die alle Hoffnungen abschnitten; schon Tage zuvor erkannte der Kranke seine auf die erste Nachricht herbeigeeilte Mutter nicht mehr und verschied ohne Rückkehr des Bewusstseins am Vormittag des 15. Oktober.» [54]

Erfahrungen mit der Neun

Meine ersten Begegnungen unerklärlicher Art waren die mit der Zahl 9, die mich mein Leben lang begleitet hat. Es versteht sich, dass ich als Kind nur durch unablässig wiederholte Erfahrungen auf diese Dinge kam, von denen ich zu niemand zu sprechen wagte. Schon mein Geburtsdatum (26. 10. 1899) ergibt die Quersumme 9, ebenfalls die Zahl 1935, das Jahr, in dem meine Wiedergeburt geschah, von der am Schluss des Buches noch zu sprechen sein wird.

Das sind keine unnützen Spielereien, wenn man diesen Dingen auch keine übertriebene Bedeutung beimessen sollte. Es ist mir nur schon früh aufgefallen, dass mir immer die Zahl 9 oder ihre Quersumme zufiel, mit so auffälliger Regelmässigkeit, dass ich es später schon nicht mehr verwunderlich fand. Wenn ich als Internatsschüler des Collegium Marianum in Theux die Nummer 90 erhielt, im Eisenbahnabteil – ohne vorher hinzusehen –, bei Plätzen im Theater, an der Garderobe, bei wichtigen Terminen ungewöhnlich oft auf die 9 stiess, so musste mir das natürlich auffallen. Wenn ich plötzlich, am Morgen oder am Abend, nach der Uhr sah, ohne Absicht, fand ich an irgendwie bedeutungsvollen Tagen die beiden Zeiger auf der 9.

Am stärksten berührte mich das bei der Geburt meines Kindes. Die Hebamme und die Krankenschwester bedeuteten mir nachdrücklich, dass es nicht vor 10 Uhr zu erwarten sei. Ich wartete in einem Zimmer und verspürte 20 Minuten vor 9 Uhr eine plötzliche Unruhe, die mich zwang, auf den Gang hinaus und vor den Kreisssaal zu gehen. Ich stand noch nicht lange dort, als ich einen Schrei vernahm; im nächsten Augenblick flog die Türe auf, die Schwester stürzte heraus mit dem Ruf: «Ein Junge! – Wie spät ist es?» Ich sah auf die Uhr. Beide Zeiger standen auf der 9.

Die Zahl 13 empfand ich früher im Zuge der allgemein verbreiteten Auffassung nicht als gut, sie war aber die Zahl Elisabeths, meiner Frau, am 13. geboren, im Hause Nr. 13 usw. Und nun geschah das Merkwürdige, dass seit unserer Ehe für mich die vorher gemiedene 13 sich zu einer «guten» Zahl wandelte.

*

Am 9. Dezember 1955 nach dem Essen kam mein Junge zu mir an den Tisch. Er sei der Briefträger, erklärte er. Ein Täschchen, das er umgehängt hatte, war mit einer grossen Zahl von Kalenderblättern gefüllt. In diese Fülle von Papier griff er hinein und legte 2 Kalenderblätter vor mich auf den Tisch; es war eine rote 9 (ein Sonntag) und eine schwarze 13 (ein Dienstag), wahllos aus 365 Zetteln herausgegriffen. Meine Zahlen! Ich bin betroffen und lese mit einiger Neugier die Sprüche. Bei der Neun finde ich Angelus Silesius:

> Halt an, wo läufst du hin?
> Der Himmel ist in dir!
> Suchst Gott du anderswo,
> Du fehlst ihn für und für.

Es fällt mir ein, dass ich die beiden ersten Zeilen vor 3 Jahren als Titel für ein kleines Buchmanuskript gewählt hatte. Unter dem Spruch lese ich weiter: «Man muss die Menschen so lehren, wie wenn man sie nicht belehrte, und unbekannte Dinge ihnen vortragen, als seien sie nur vergessen.» (Seit vielen Jahren ist das die Methode meiner Meditationskurse geworden, mit der ich besonders junge Menschen erreiche.) Der Text, der dem Blatt mit der 13 beigegeben ist, stimmt mich nicht minder nachdenklich: «Auch die Hunde sind nötig, damit die verirrten Schafe wieder zum Hirten kommen.» Auch das Böse dient letztlich zum Heile! So unbegreiflich uns das Geheimnis des Bösen in der Welt erscheint, es muss sich doch den Plänen und Absichten Gottes einfügen!

Eine Datums-Mitteilung, die sich mir unvergesslich einprägte und die durch einen anschliessend sofort geschriebenen Brief sicher beglaubigt ist, ereignete sich gegen Ende des Zweiten Weltkrieges, am 2. Januar 1945. Ich hatte auf dem Kirchturm des Dorfes Obersasheim im Elsass Beobachtungsdienst. Gegen Mittag setzte ich mich auf eine der Holzstufen in die matten Strahlen der Wintersonne. Unversehens nickte ich ein. Da sah ich vor mir an dem gegenüberliegenden Gebälk deutlich die Zahlen 15. 6. aufleuchten, etwa einen Meter hoch. Am gleichen Tag noch schrieb ich meiner Braut in Karlsruhe, dass am 15. Juni wohl etwas mit mir geschehen werde, sie möge auf das Datum achten.

Ich selbst wurde erst wieder daran erinnert, als ich am 15. Juni von dem Hungerlager B. nach O. und schliesslich nach Chartres kam, wo ich im Lager der kriegsgefangenen deutschen Theologen alle Bedingungen vorfand, um zu überleben, vor allem geistige und religiöse Anregung in Fülle.

Unfähig, diese merkwürdigen Geschehnisse zu deuten, möchte ich das Kapitel mit einem Zitat aus Bergengruens autobiographischen Aufzeichnungen [55] schliessen: «Das Ideal wäre der für den einzelnen Menschen nach Mass gefertigte Kalender, der seine guten und schlechten Tage bezeichnete und einen darüber belehrte, wann und wie bestimmte Verhaltensarten und Tätigkeiten angebracht und mit dem Kosmos in Übereinklang sind. Einen solchen Kalender indessen könnte nur Gott verfassen. Glücklicherweise hat er es getan; wir müssen bloss aufschlagen. Aber da liegt der Haken.» (1949)

DER WIDERSACHER

Aber die Himmel sind
stärker als die Höllen

In der in neuerer Zeit hier und da umstrittenen Frage
der Existenz unseliger Geister gehen wir aus von der
Haltung, die Papst Paul VI. in einer Generalaudienz
am 15. November 1972 eingenommen hat, als er erklärte: «Eines der grössten Bedürfnisse der Kirche ist
die Abwehr jenes Bösen, den wir den Teufel nennen.
Das Böse ist nicht mehr nur ein Mangel, sondern es
ist eine wirkende Macht, ein lebendiges, geistliches
Wesen, verderbt und verderbend, eine schreckliche
Realität, geheimnisvoll und beängstigend. Wer die
Existenz dieser Realität bestreitet, stellt sich ausser-
halb der biblischen und kirchlichen Lehre; desglei-
chen, wer daraus ein eigenständiges Prinzip macht, das
nicht, wie alles Geschaffene, seinen Ursprung aus
Gott nimmt; oder auch, wer es zu einer Pseudowirk-
lichkeit erklärt, es für eine erfundene, phantastische
Personifikation der unbekannten Ursachen unseres
Unheils hält.» [56]
Vor dem Hintergrund des Prozesses um den Tod der
Studentin Anneliese Michel aus Klingenberg ist –
nicht nur in den Massenmedien – das Thema Dämonen und Besessenheit heftig diskutiert worden.
Da die Rationalisten die öffentliche Meinung be-
herrschen, lautete es am Ende meist, dass es keine
Dämonen und darum auch keine Besessenheit geben
könne. Damals veröffentlichte der Vorsitzende der
deutschen Bischofskonferenz, Kardinal Höffner, eine
grundsätzliche Erklärung unter der Überschrift «Die
Kirche und der Teufel». Hier unterstreicht er, die

katholische Theologie halte an der Existenz des Teufels und dämonischer Mächte fest. Es bestehe auch für den Menschen des ausgehenden 20. Jahrhunderts kein Grund, «das Wirken Satans und böser Geister in unserer Welt zu leugnen oder die Aussagen darüber als absurd zu empfinden». Profane Forschungen hätten trotz grossen Erkenntnisgewinns bis heute keine befriedigende Antwort auf die Frage geben können, wo der Ursprung des Entsetzlichen, Furchtbaren und Unmenschlichen sei, das bis zum heutigen Tag Stunde für Stunde gegen den Menschen geschehe.

Das Böse, dieses «schreckliche und zugleich faszinierende Geheimnis» – man denkt darüber nach, aber begreifen lässt es sich nicht. Es hat der Weisheit Gottes gefallen, aus dem Schoss des Todes das Leben zu zeugen, aus der Schuld die Gnade, aus dem Versagen die Umkehr zu bewirken. Aus dem Munde Christi wissen wir, dass der Widersacher der Fürst dieser Welt ist. Man mag es wahrhaben wollen oder nicht, wer genau um sich schaut, spürt allenthalben sein zerstörerisches Wirken. Er wirbt um die Menschenseele, nicht allein durch die Lockung des Bösen, auch durch die Lockung des Schönen. Durch Vorstellungen und Bilder der Dichtung, der Kunst stiehlt er sich in die Phantasie der Menschen. Es gibt keinen Raum des Lebens, in dem er nicht in irgendeiner Ecke lauert.

Seine brauchbarsten und gelehrigsten Schüler sind die, welche ihre Absichten unter höflich-lächelnder Maske verbergen, die Gefälligen, Weltgewandten, klug und sicher Auftretenden. Sie spielen geschickt mit im Spiel der Welt, wenn auch mit gefälschten Karten, sie lassen die anderen sogar gelegentlich gewinnen, wenn ihnen nur der letzte Trumpf bleibt. Immer sind sie im «Schafspelz» gekommen, im Gesellschaftsanzug, in Wolken von Parfüm oder glatten Worten. Die übersteigerte Eigenliebe ist das untrügliche Kennzeichen des Widerspruchs gegen Gott und seine Ordnung, das Kriterium des Bösen an sich, an dem durch alle Hüllen der Verstellung, durch allen Bluff und alle Blendung hindurch der Mensch als Knecht des Fürsten dieser Welt erkannt wird.

Heilige und Dämonen

Wie die Geschichte vieler Heiligen zeigt, lassen sich sichtbare, hörbare oder spürbare Einflüsse dämonischer Art durch Zeugenaussagen nachweisen, unmittelbare Angriffe des Satans und seiner Geister auf den Menschen, um ihn zu verwirren, zu schrecken, von seinem Wege zu Gott abzubringen.[57] Die hl. Katharina von Siena erfuhr im Zustand der Ekstase gefährliche Angriffe von Dämonen. «Mehrere Male wurde sie, in Gegenwart vieler, durch unsichtbare Gewalt ins nahe Feuer hineingestürzt; wenn dann die Anwesenden sie weinend und schreiend den Flammen zu entreissen suchten, erhob sie sich plötzlich lächelnd aus ihnen, ohne dass ein Brand oder eine Verletzung an ihr sichtbar gewesen wäre, und sie sagte dann nichts, als etwa nur die Worte: Fürchtet euch nicht, das hat Malatasca (so nannte sie den Teufel) getan! Als sie ein anderes Mal an einem Pfeiler in der Kirche, unter Bildern, vor denen viele Lichter brannten, kniete, war während ihrer Betrachtungen eines derselben ihr auf den Kopf gefallen und erlosch, nachdem es bis zum Ende ausgebrannt, zuletzt ohne irgendeine Verletzung an ihrem Schleier zurückzulassen, wovon hernach ihre Gefährtinnen Lysa, Franziska und Alexia Zeugnis gaben.» Eine andere Art dämonischer Bedrängnisse ist die Umnachtung des Gemüts, wie sie von der hl. Rosa von Lima berichtet wird: «Es war eine Wüste der Finsternis, der Zerschlagenheit, der Stumpfheit, die Heimat des Todes, die Nacht der Verlassenheit, die Höhle des Jammers, in dem die Jungfrau, wie ferne von Gott, so nahe sich selber, in ihrer Einsamkeit sich fand. Sie lag seufzend unter der furchtbaren Last der Finsternisse, unvermögend, sich zu einem übernatürlichen Gegenstande, ja, auch nur zu einem natürlichen zu erheben.»[58]

Matthias Joseph Scheeben berichtet von der Begegnung der seligen Anna Maria Taigi mit einem grossen Sünder, den sie zu Gott zurückzuführen hoffte. Nach ihrem Gespräch mit dem jungen Mann erfuhr sie noch in der Nacht die Wut der bösen Geister: «Ihre Kammer erfüllte sich mit Teufeln, die ihr sichtbar in den scheusslichsten Gestalten erschienen und sie unter Geheul und Geschrei mit Flüchen und Verwünschungen überhäuften. Die fromme Frau brachte die ganze Nacht in einem traurigen und schrecklichen Zustand zu, aber auch der gute Freund, der den jungen Mann zu ihr geführt hatte, blieb nicht frei von der Wut der Hölle. Mehrere Bogen wären nötig, um zu beschreiben, welche Arglist und Kunstgriffe die Teufel im Verlaufe der Bekehrung dieses Sünders ins Werk setzten, welche Qualen die Dienerin Gottes zu leiden hatte, welch ein Mut sie im Bestehen dieser Verfolgung beseelte, und mit welchem Eifer sie ihre Gebete, Bussübungen und Fasten verdoppelte.»[59]

Der stigmatisierte Kapuziner Padre Pio hatte schon als Novize heftige Angriffe Satans zu bestehen. Häufige schwere Heimsuchungen durch teuflische Mächte werden aus dem Leben des hl. Pfarrers von Ars berichtet.[60] Die Hartnäckigkeit und Heftigkeit solcher spukhaften Belästigungen, wie sie dieser schlichte Dorfpfarrer erfahren musste, ist ungewöhnlich. Dagegen gibt es unzählige Spontan-Erlebnisse. Eines, über das die österreichische Dichterin Maria Eugenie delle Grazie (1864–1931) berichtet, stehe hier als Beispiel für viele ähnliche Vorgänge. Nach ihrer Bekehrung suchte sie eine Kirche, einen Priester. Irgendwo in der Stadt fühlte sie sich gedrängt, die Strassenbahn zu verlassen. «Wohin will ich eigentlich? frug ich mich, stehen bleibend. Wenige Strassen weit lag eine Kirche. Da – ich werde es nie vergessen, und eben als ich den ersten Schritt tue, um diesen Weg einzuschlagen – da war es, als stiesse mich plötzlich die Faust eines Wütenden zur Erde. Niemand in meiner Nähe, der es getan haben könnte. Aber ich fiel und – ein Grauen ging über mich. Eilig raffte ich mich auf, nur leicht verletzt. Und nun – nun flog ich fast jener Kirche entgegen! Als ich eintrat, fiel mein erster Blick auf ein greises Haupt, das, tief geneigt, aus einem Beichtstuhl mir gerade entgegen sah.» [61]

Der Teufel im Gotteshaus

Ein evangelischer Geistlicher, der Superintendent Hugo Georgi (gestorben 22. April 1963), hatte in seiner Gemeinde eine begnadete Seherin mit Namen Gabriele. Ihre Gesichte, verbunden mit seinen eigenen Erfahrungen, veröffentlichte er unter dem Titel «Überirdische Erlebnisse auf Erden» (Lothar Hoffmann Verlag, Barnstedt). Neben hohen Licht-Visionen machten sich gelegentlich, wenn auch immer seltener, satanische Mächte bemerkbar. Georgi schreibt: «Auf unserer Erde glauben die finsteren Mächte Heimat- und Besitzrecht zu haben. Hier vermögen sie vermittels der materiellen Ausstrahlungen eine ausserordentliche Macht zu entfalten. Hin und wieder ist Gabriele einer Ohnmacht nahegekommen. Zuweilen sassen Menschen hinter ihr, die ihr aus irgendeinem

Grunde feindlich gesonnen waren, deren finstere Gedanken sich vor den Augen der Seherin zu einer Schlange verdichteten, die sie fortwährend anzischte. Solchen Situationen haben manchmal ihre Nerven nicht standhalten können. Darum setzte sie sich vorsichtshalber in der Kirche möglichst weit nach vorn, um von den Geschehnissen in den hinteren Reihen unbehelligt zu bleiben. Zuweilen aber verfolgte sie ein Teufel auch bis in den Bereich der Kanzel.

Bei einem Abendgottesdienst kam es einmal vor, dass ich das Eingangsgebet kaum sprechen konnte. Der Hals war mir wie zugeschnürt. Ich brachte fast kein Wort heraus. Mir fehlte jede Inspiration. Während des Gebetes war es mir, als sähe ich eine grässliche Teufelsgestalt schräg durch den Kirchenraum auf mich zuschweben in einer Haltung, als wolle sie mich in plötzlichem Ansturm von der Kanzel herunterstossen. Auch während der Predigt hielt die innere Hemmung an. Meine Zunge war wie von Blei, und von den mir sonst reichlich zuströmenden Gedanken war nichts zu merken.

Ich wusste mir diese seltsame Erscheinung nicht zu deuten, aber Gabriele hatte eine Erklärung dafür. Im gleichen Augenblick wie ich hatte auch sie die Teufelsgestalt mit ihrem Sturmangriff auf mich gesehen. Die ganze Kirche war an jenem Abend voll von finsteren Mächten. Gabriele konnte mir auch sagen, wer von den Zuhörern diese Teufel mit in die Kirche geschleppt hatte. Es war ein Mensch mit einem fürchterlichen Hass auf mich und meine Denkweise.

Härter noch, wenn auch nicht ganz so langwierig, war ein Kampf, den ich gelegentlich einer Bibelstunde im kleinen Kirchenraum zu bestehen hatte. Es war um die Zeit, als mir die wachsende Unzufriedenheit der Gemeinde mit meiner Verkündigung viel Unruhe bereitete. Ich betrat den Raum, und Gabriele sah hinter mir einen Mann im schwarzen Gehrock einhergehen, der ihr verdächtig vorkam. Kaum hatte ich mit meiner Rede begonnen, als er sich bemühte, den Fluss meiner Gedanken zu lenken und durch mich zu sprechen. Aber ich widerstrebte, wenn auch mir selbst unbewusst. Damit setzte wiederum ein Kampf ein, der sich in stark gehemmter Rede den Zuhörern bemerkbar machte.

Gabriele beobachtete mit steigender Besorgnis diesen Kampf. Um den Mann im Gehrock bildete sich mehr und mehr eine dunkle Wolke, aber dahinter erschien ein Licht, das mit dieser Finsternis im Kampf stand. Als ich auf das hartnäckigste widerstrebte, verlor der Fremde zuletzt alle Haltung. Er liess die Maske fallen und erschien in einer Teufelsgestalt, wie sie scheusslicher nicht gedacht werden kann. In massloser Wut suchte er immer wieder auf mich einzustürmen, unterstützt von der finsteren Wolke. Etwa zehn Minuten mochte das harte Ringen gedauert haben, da wich die Wolke und die Lichtwelt trat hervor, um den Platz bei dem Redner einzunehmen und zu behaupten.»

Die Kraft des Namens Jesus

Am 27. September 1945 hatte ich im Kriegsgefangenenlager zu Chartres ein merkwürdiges Traumgesicht. Über mir sah ich die Eisdecke eines gefrorenen Sees, der gelblich-schmutzig war wie Jauche. Das Eis schien so dünn zu sein, dass es jeden Augenblick zerspringen konnte. Plötzlich stiess ein hagerer Arm hindurch, eine Hand, die blitzhaft nach mir zuckte und mich am rechten Handgelenk packte. In meiner Not rief ich den Namen Jesu an. Da liess die Hand los, zugleich hörte ich eine Stimme wie die Stimme meiner Mutter: «Der kann dir auch nicht helfen!» Aber die Stimme war verstellt, ich wusste gleich, dass sie nicht von meiner Mutter kam. Erschrocken erwachte ich und rieb mir das Handgelenk, das mich schmerzte.

*

Am 7. September 1954 übernachtete ich im St.Ermins-Hotel im Londoner Westminster-Bezirk. Ich bekam ein Zimmer im obersten Stockwerk, über dem nur noch der Dachboden war. Nachts hörte ich im Schlaf über mir ein wüstes Gepolter, so stark, dass ich erwachte. Es war 1 Uhr. Zuerst dachte ich, dass wohl noch späte Gäste angekommen seien, die rücksichtslos lärmend ihre Koffer auspacken. Aber dann erinnerte ich mich, dass über mir keine Zimmer mehr sein konnten, zugleich sagte mir eine innere Stimme, dass dies merkwürdige, in gleicher Stärke anhaltende Gepolter dämonischer Natur sein könne. Ich rief den Namen Jesu an, und im gleichen Augenblick, im Bruchteil einer Sekunde, war es still.[62]
Um halb 4 Uhr der gleichen Nacht flogen plötzlich die Türen des Kleiderschranks in meinem Zimmer auf. Gleichzeitig fühlte ich es wie einen kalten Hauch über mich hinwehen. Ein kurzes inniges Stossgebet, und alles war still.

Der Dämon in Tieren

Es gibt auch dämonische Begegnungen mit Tieren. So berichtet Theobald Kerner von dem Bild einer unheimlichen Wildkatze, das seinem Vater Justinus Kerner von Graf Alexander von Württemberg geschenkt worden war. In dem Begleitbrief schrieb der Graf, dass er die Augen des in Lebensgrösse gezeichneten Tieres nicht mehr habe ertragen können. «Sie schaute einen so böse und drohend an, dass es einem ordentlich unheimlich wurde. Unwillkürlich muss ich das Bild täglich anschauen, ich fühle, dass es mich ganz melancholisch macht, so dass es mir am Ende erginge wie dem Forstwart» (dem Vorbesitzer des Bildes, der sich aus unerfindlichen Gründen erschossen hatte).

Auch Justinus Kerner konnte das Bild nicht lange ertragen, es wurde ihm von Tag zu Tag unheimlicher, bis er sich von ihm trennte und es seinem Sohne Theobald gab, der sich gegen jeden Aberglauben gewappnet fühlte. Er hängte es über seinem Schreibtisch zu anderen Bildern und schenkte ihm keine Beachtung mehr. Aber in einer Winternacht kam es ihm plötzlich vor, «ich sei nicht allein im Zimmer; ich hatte die unheimliche Empfindung, es schleiche etwas Fremdes an mich heran. Ich sah schnell auf, und meine Blicke trafen die Augen der Katze. Von jetzt an wusste ich, dass es keinen Frieden mehr zwischen uns gebe, ihre Augen schienen mich feindlich zu verfolgen, ich war innerlich voll Hass gegen sie, und das Traurigste dabei, dass ich fühlte, dass sie stärker war als ich, ihre Blicke schienen langsam jede Lebenskraft aus mir zu saugen, meine Gedanken zu absorbieren. Aber dennoch wollte ich sie nicht vom Nagel nehmen, ich schämte mich meiner Schwäche.

Da sagte eines Tages mein Vater: ,Ich begreife nicht, wie Du die Katze immer noch im Zimmer haben magst, auf mich macht sie immer noch einen dämonischen Eindruck ...'

Nun kannte ich einen Herrn, der war ein lustiger Lebemann, dabei Jäger und grosser Tierfreund. Er hatte sein Haus neu herrichten lassen. ,Hier habe ich ein Bild für Ihren Hausgang', sagte ich, natürlich ohne ihm irgend etwas von dem Lebenslauf und dem Wirken des Bildes zu sagen. Er dankte freundlichst und hing es in den Hausgang. Nach einem halben Jahr wurde er ohne äussere Beweggründe trübsinnig und tat sich den Tod an. Unser erster Gedanke war: die Wildkatze! Ein Verwandter des Verunglückten nahm die Katze mit sich, und nach einigen Monaten wurde er tot im Bett gefunden, ob durch fremde Hand oder durch eigene, bleibt bis heute ein Rätsel.»[63]

*

Mein Bruder Willy erzählte mir von einem Lungenkranken, der in einem Sanatorium starb, in dem er selbst als Patient weilte. Der Mann war von einer an Besessenheit grenzenden Verstocktheit. Das Fluchen war sein höllisches Gebet. Die Schwester, die noch in den letzten Stunden bei ihm auf der offenen Terrasse war, versuchte in aller Güte, ihm vor seinem Tode, von dessen Schatten sein Gesicht schon gezeichnet war, einen Priester zuzuführen oder ihn wenigstens zu einem Gebet zu bewegen. Aber all ihr Bemühen war vergeblich; er blieb mit Flüchen und Lästerungen bis zuletzt in seiner Verfinsterung. Im Augenblick seines Todes tauchte am Fusse der zur Terrasse hinaufführenden hölzernen Treppe ein grosser schwarzer Hund auf, der ihn mit grünlich glimmenden Augen anstarrte und dann spurlos verschwand. Nie vorher war ein Hund dieser Art in der Nähe des Hauses gesehen worden, und man bemühte sich am gleichen Abend und am folgenden Tage vergeblich, ein solches Tier in der Nachbarschaft ausfindig zu machen.[64]
Mit diesen wenigen Beispielen ist das Dunkel dieses vielschichtigen Themas nur angeleuchtet. Es bewegt unsere Zeit mehr, als es nach aussen hin erkennbar wird. Für viele, die sich vor der Macht des Bösen und der eigenen Unmacht fürchten, ist es von existentieller

Bedeutung. Die Angst unserer Zeit hat ihre tiefste Ursache in der Unberechenbarkeit und Heimtücke der unfassbaren dunklen Mächte, die sich rund um den Erdball manifestieren. Aus der scheinbaren Unentrinnbarkeit zeigt Ursula von Mangoldt den Weg der Befreiung auf: «Sieht sich der Teufel in Gefahr, entlarvt zu werden, dann bietet er das Heer seiner Dämonen zu neuen Verführungen auf. Und doch hat Gott dem Menschen die Möglichkeit gegeben, den Kampf mit dem Teufel aufzunehmen. Seine Macht in der geschichtlichen Welt ist nicht mehr abzuwenden, da im kausalen Geschichtsverlauf nichts umkehrbar ist. Doch kann dieser horizontale Weltablauf vertikal durch Gottes Eingriff durchbrochen werden. Durch ihn verändert sich die geschichtliche Wirklichkeit, wird sie im Sinn der Heilsgeschichte zur Umkehr geführt. Wenn Christus im Evangelium als ‚Phosphoros', Lichtbringer, bezeichnet wird, während sich in Luzifer des Lichtes Glanz verdunkelte, wenn Christus unter dem Bild der erhöhten Schlange als Heilsbringer verehrt wird, im Gegensatz zu der erniedrigten, todbringenden Schlange, die im Paradies verflucht wurde, auf ihrem Bauch zu kriechen, so besagt dies, dass die Kräfte des Bösen in Christus zum Lichte gewendet und verwandelt sind.»[65]

DIE LETZTE TÜRE

Das Mass unserer Liebe
wird einmal das Mass
unserer Seligkeit sein.

Es gibt kaum einen ernsthaften Denker der Menschheit, der nicht über das Phänomen Tod nachgedacht
hat. Je tiefer einer vorzudringen suchte in das Dunkel,
desto undurchdringlicher erschien es ihm. Der Denker
aber, der zum Seher aufwuchs, wird nicht in der Sphäre
intellektuellen Fragens verharren; aus ihr führt kein
Weg in das Geheimnis, das sich unseren Augen ver-
birgt. «Ich habe die feste Überzeugung», sagte Goethe
in einem Gespräch mit Eckermann über den Tod, «dass
unser Geist ein Wesen ist ganz unzerstörbarer Natur; es
ist ein Fortwirkendes von Ewigkeit zu Ewigkeit, es ist
der Sonne ähnlich, die bloss unseren irdischen Augen
unterzugehen scheint, die aber eigentlich nie unter-
geht, sondern unaufhörlich fortleuchtet.» Und Rilke:
«Wie der Mond, so hat gewiss das Leben eine uns
dauernd abgewendete Seite, die nicht sein Gegenteil
ist, sondern seine Ergänzung zur Vollkommenheit, zur
Vollzähligkeit, zu der wirklichen heilen und vollen
Sphäre und Kugel des Seins.»
Immer stehen wir vor dem verhüllten Angesicht des
Todes voller Furcht und Frage, der Stumpfe wie der
Wache, der Gläubige und der Ungläubige. Diese Furcht
allein schon widerlegt die Meinung, dass mit dem Tode
alles aus sei. Wie sollte ich mich vor dem Nichts
fürchten? Aber es gibt kein «Nichts», das fühlen sie
alle. Sterbezimmer erinnern uns daran, dass wir auf
Wanderschaft sind, auf der Wanderschaft durch eine
steinige, unwirtliche Landschaft, und dass wir zugrunde gehen, wenn wir müssig darin verweilen, statt

116

uns zu rüsten, die offene Türe zu erreichen, wenn die Nacht kommt.

Wer unvorbereitet betroffen wird, nur in seiner fleischlichen Natur, wird mit dem Fleisch verderben. Wer aber aus dem Geist lebt, im Licht und in der Liebe Gottes, wird nicht in ewige Nacht sinken. Der Tod wird nur das Gefäss zerbrechen können, aus dem sich das Unvergängliche unseres Wesens ins Ewige hebt.

Die Frage, was «danach» kommt, hat noch niemand beantworten können. Und selbst Paulus, dessen Geist bis in den dritten Himmel erhoben wurde, konnte das «Unaussprechliche» nicht einmal andeuten. Und doch ist die Frage vom Zustand in der anderen Welt immer gestellt worden, wohl noch nie so drängend und leidenschaftlich wie in unserer Zeit.

Zum Auftakt unserer Betrachtungen soll die Stimme eines Mediziners zu Gehör kommen, der ein sicheres Gespür dafür hatte, dass man das Phänomen Tod nicht unter ausschliesslich naturwissenschaftlichem Aspekt, nicht als ein Ende, sehen darf: Dr. Claus Winkelmann. Er starb am 2. Januar 1978 im Alter von 55 Jahren in Ebersteinburg bei Baden-Baden. Auf alle den natürlichen Vorgang verändernde, Euphorie bewirkende Mittel verzichtend, starb er bewusst, beispielhaft als Mensch und Christ. Seinem noch wenige Wochen vor seinem Tode gehaltenen Vortrag «Ärztliche Gedanken zum Tod» stellte er das offene Geständnis eigener Ratlosigkeit voran: «Mit dem Auftrage, über den Tod zu sprechen, fühlte ich mich in der Rolle eines Reiseführers, der über ein Land sprechen soll, dessen überwölkte Küste er gerade erkennen kann, ohne je ihren Boden betreten oder gar das Innere gesehen zu haben. So sind wir in unserem rein irdischen Begreifen in intellektueller Hinsicht ratlos – auch trotz aller Parapsychologie –, weil wir nicht über zwei Bereiche urteilen können, von denen wir nur den einen ein wenig kennen aus dem Geist heraus, den wir begreifen. Jede menschliche Erkenntnis ist eine zeitlich begrenzte Arbeitshypothese über Leben und Tod – den Schlüssel zu beiden, auch bezüglich unserer inneren Erfahrung, hat ein anderer in Händen auf einer Ebene, die zu erreichen die Leiter des Verstandes nicht gewährt. Wir erleben an uns und an unseren Mitmenschen: Wer dieses Schwert in seinem Herzen nicht als unmittelbar Betroffener erfahren hat, hat den Pfeiler nicht, über den die schmale Brücke den Abgrund überwindet. So ist auch tiefster Schmerz immer Gnade, die uns zu erleuchten vermag in solcher Finsternis.»

Er, der wagemutige Bergsteiger, ahnte um so mehr vom Tode, als er das Leben leidenschaftlich geliebt hat, ganz im Geiste von Walt Whitman: «Höre auf den Herzschlag in aller Materie und allem Geist, wie er unablässig klopft – die ewigen Pulsschläge, die ewige Systole und Diastole des Lebens in den Dingen –, daran ich fühle und erkenne, dass Tod nicht, wie man glaubt, das Ende ist, sondern der wahre Anfang – und dass nichts je verlorengegangen ist oder verlorengehen kann, weder Seele noch Stoff ...»

Vorausahnung des Todes

Todesahnungen und -ankündigungen sind schon früh bezeugt. Sie können Menschen telepathisch überall und zu allen Zeiten erreichen. In seinen «Jugenderinnerungen eines alten Mannes» berichtet Wilhelm von Kügelgen (1802–1867) über eine aufwühlende Erfahrung, die er beim Gesang von Haydns «Sieben Worten Jesu am Kreuz» machte. Als der Chor, in dem er selber mitsang, an die Stelle kam «Wenn wir mit dem Tode ringen und aus dem bedrängten Herzen heisse

Seufzer zu dir dringen, hilf uns, Mutter aller Schmerzen», erfasste ihn ein so heftiger Schmerz, dass er
nicht weitersingen konnte. Er schreibt: «Weder in den
Worten noch in den Tönen konnte der Grund zu einer
so tiefen Bewegung gesucht werden, doch schnitt mir
beides dermassen durch die Seele, dass mir diese Stelle,
obgleich ich sie seitdem nie wieder hörte, nach Text
und Melodie bis heute unvergesslich geblieben ist. Ich
stellte mir wunderlicherweise den geliebten Vater als
mit dem Tode ringend vor, und es war, als wäre dies
Gebet zur heiligen Jungfrau aus seiner Seele aufgestiegen. Ich konnte mich nicht halten, verliess den Saal
und brach im Nebenzimmer in einen Strom von Tränen aus ... Ich wusste nichts zu sagen, als dass jene
Musikstelle mich so sonderbar ergriffen habe. Die
Trauer wollte mich nicht mehr verlassen; der Tod stand
mir in seiner Unerbittlichkeit lebendig vor der Seele;
ich sah das Ringen des Sterbenden, ich hörte seine letzten heissen Seufzer, und der Angstschrei: ,Hilf uns,
Mutter aller Schmerzen!' wich mir den ganzen Abend
nicht aus den Ohren. – Als ich nach Hause kam und
den Vater noch nicht vorfand, ergriff mich die leb-
hafteste Sorge. Ich machte mich sogleich auf ... wir
brachten die Nacht in namenloser Angst hin. Am
anderen Morgen in aller Frühe ... da lag mein Vater
mit dem Gesicht auf nackter Erde, erschlagen und ent-
kleidet in einer Ackerfurche.»

*

Pater M. in Beuron hatte, als er eines Samstags in
dem Dorfe B. seelsorgerlich aushalf, eine merkwürdige
Begegnung. Er sah einen alten Mann, der, wie das
samstags in Schwaben Brauch ist, vor seinem Hause
kehrte. Irgend etwas trieb den Pater, ein Gespräch mit
dem Alten zu beginnen. Nach der üblichen freund-

lichen Einleitung fragte er ihn beiläufig, ob er nicht mal zur Beichte kommen wolle.

Ja, schon, aber er könne nicht.

Was sollte es denn da für ein Hindernis geben, fragte der Pater.

«Ich habe eine Feindschaft im Dorf», entgegnete der Alte, «die ich nicht begraben kann. Ich kann mich einfach nicht versöhnen!»

«Ja, und wenn Sie heute nacht sterben müssten?»

«Das wär' g'lumpet», sagte der Mann leise und nachdenklich. Am anderen Morgen war er tot.

*

Erich Herrmann, von dessen Licht-Visionen im ersten Kapitel berichtet wird, hatte 1963, als er mit einer Erkrankung der Herzkranzgefässe zu Bett liegen musste, eines Nachts ein merkwürdiges Erlebnis. «Es war», so schreibt er mir, «gegen 22.30 Uhr, als noch das Licht der Strassenlampe ins Schlafzimmer schien. Ich lag wach und gab mich meinen Gedanken hin, während meine Frau schon schlief. Aus dem Schatten der Tür, die vom Schrank gegen das vom Fenster einfallende Licht verdeckt war, trat eine grosse, in einen schwarzen weiten Umhang und mit einer Kapuze bekleidete Gestalt auf mein Bett zu, ergriff mich sehr bestimmt und hob mich heraus, um sich mit mir auf den Armen zur Tür zu wenden. Dabei fiel das Licht vom Fenster auf das Gesicht – es war wie aus Bein, starr, kein Mienenspiel, aber edel und schön geformt –, ein Gesicht – kein Totenkopf. Es ist der Tod, er soll dich abholen, ging es mir durch den Sinn. Ich hatte keine Angst, auch für mich selbst kein Abwehren, nur Sorge um meine Frau.

Ich sah ihn an, mit dem Arm auf meine schlafende Frau weisend, und fragte ihn: ,Und sie? Sie braucht mich doch!' Er schaute erst in die gewiesene Richtung zu meiner Frau, wandte mir dann sein Gesicht zu, wobei er mich ja immer noch auf den Armen hielt, also ganz nahe. Das vom Licht der Strassenlampe beschienene Antlitz blieb unbeweglich-beinern, starr, doch seine Augen strahlten voller Liebe, Freundschaft, als wäre er selbst glücklich über meine Sorge um die Frau. Wortlos liess er mich von seinen Armen auf mein Bett gleiten und ging.

Seitdem ist meine Angst vor dem Sterben weitgehend geschwunden. Wenn ich im Glauben bleibe, werde ich mich nicht zu fürchten haben!»

Waren sie schon «drüben»?

Die Fortschritte der modernen Medizin haben es ermöglicht, immer häufiger Menschen, die, von den Ärzten aufgegeben, als klinisch tot galten, wieder ins Leben zurückzurufen. Das ist heute für viele eine Sensation, selbst der «Spiegel» brachte umfangreiche Berichte über «Erlebnisse und Erfahrungen im Grenzbereich des Todes».[66] Vielleicht ist es nur das Unvermögen unserer Sprache, solche Erlebnisse richtig einzuordnen, wie es ähnlich bei den Astronauten der Fall war, deren Mondfahrt als ein «Flug ins All» bezeichnet wurde. Der Mond gehört aber zum Bereich unserer Erde, er ist ein Teil von ihr. Auch die Mondfahrer entrinnen nicht ihrer Anziehungskraft, wie die Wiederbelebten noch nicht der Bannkraft des Lebens entronnen waren. Aus christlicher Verantwortung sucht Joachim Illies die allzu genauen Beschreibungen der jenseitigen Welt aus der gebotenen Distanz zu betrachten, wenn er schreibt: «150 Menschen, die medizinisch bereits tot waren, berichteten dem Psych-

121

iater der Universitätsklinik von Virginia (USA)[67] von ihren Erlebnissen auf der anderen Seite. Abschied von der Körperhülle, tiefe Gefühle der Freude, das ‚Lichtwesen‘, hilfreiche Personen von drüben, früher Verstorbene.» «Ich glaube, unsere Gesellschaft ist in eine Übergangszeit eingetreten», schreibt Frau Kübler-Ross im Vorwort des Buches und fährt fort: «Wir müssen den Mut aufbringen, neue Tore aufzustossen und zuzugeben, dass unsere heutigen wissenschaftlichen Methoden nicht ausreichen für eine Vielzahl dieser neuen Forschungen.»

«Aber wir müssen auch», schreibt Illies, «den Mut aufbringen, einzugestehen, dass alles Material, das hier vorliegt, keine Beweiskraft im naturwissenschaftlichen Sinn besitzt. Ein beinahe Gestorbener ist eben kein wirklich Gestorbener, sein Bericht kann uns noch so zuverlässig seinen Zustand und seine Erlebnisse schildern – es bleiben doch Schwellenerlebnisse eines Augenblicks, der *vor* dem Tode kommt und nicht der Tod selber ist. Wir müssen also kritisch bleiben, so verlockend es wäre, hier Gewissheit und Klarheit zu besitzen.»[68]

Es ist hier nicht unsere Aufgabe, die Frage der «Wiederbelebten» zu untersuchen. Den zahlreichen Berichten der letzten Jahre, in beispielhafter Auswahl untersucht von Hampe[69], möchte ich nur einige wenige, mir persönlich bekannt gewordene hinzufügen.

*

Charlotte Braun, Krankenschwester, war Zeugin folgenden Vorgangs: Herr K. erlitt im Alter von 45 Jahren in einer wirtschaftlich und familiär angespannten Lage einen Herzkollaps. Bis der Arzt und sie selbst eintrafen, schien sein Zustand bereits hoffnungslos. Er erhielt die übliche Spritze. Erst nach einiger Zeit erwachte er wieder. Als er Arzt und Krankenschwester erkannte, fragte er in leicht vorwurfsvollem Ton: «Warum habt ihr mich wieder zurückgeholt? – Da, wo ich war, ist es so schön, so wunderschön!» Auf behutsames Befragen erklärte er, dass er sich vor einem grossen Graben befunden habe. Auf der anderen Seite sei seine Mutter gestanden und habe ihm freundlich zugewinkt, er solle kommen.

Aus allen Berichten geht in merkwürdiger Einhelligkeit hervor, dass die Betroffenen sich in einem Zustand völliger Harmonie, Gelöstheit, Freude befunden haben, alle bedauerten die Rückkehr ins Leben, mit der dieser beglückende Zustand ein jähes Ende fand.

Mein Freund Karl Langenstein, ein stark sensitiver Maler, erzählte mir öfters von einem solchen Erlebnis, das ihn bis heute noch immer bewegt. – Als Soldat hatte er eine schwere Operation zu bestehen. Plötzlich sah er seinen Astralleib, wie er es nennt, über seinem Körper schweben, auf den er verwundert hinabschaute. Mit überwachen Sinnen hörte er jedes Wort der Ärzte, die erklärten, dass sie am Ende ihrer Kunst seien. Auf einmal aber sei er, unwiderstehlich gezogen, wieder mit seinem Körper vereint gewesen, betrübt, dass der selige Zustand des leidfreien Schwebens zu Ende war.

*

Dass die Geburt eines Kindes in die Irdischkeit die Mutter im gleichen Augenblick ins Jenseitige entführt, erfuhr Friethilde Z. in K. Sie schreibt zum 18. November 1949 ins Tagebuch: «Diese Glut werde ich nie vergessen. Du warst noch nicht geboren, und die Stunden, ja Tage Deines Kommens waren eine einzige Brandung, blau, schwarz, rot, gold, haushoch, eine lodernde Glut. Und als die Schmerzen ins Unerträgliche wuchsen, schien mir das Ende, Austritt aus dem Diesseits gekommen. Ich zerriss in zwei Teile und wurde bewusstlos. Mir wurde ganz leicht. Ein unsagbares Empfinden bemächtigte sich meiner, und mein ,Ich' sah den zerschundenen Leib unter sich liegen, in den es nicht mehr zurückkehren wollte, selbst nicht im Wissen um das ersehnte Kind, das soeben geboren wurde.

Farben über Farben glühten auf im Kosmos, in dem ich mich bewegte, alles schien in flüssiger Bewegung, und das Gold, das Rot, das Bronze durchschauerte mein tiefstes Sein. Ich fiel, wie mir schien, in die Gottheit, die nur Glut, Glück und Liebe war, und die Erfüllung alles Sehnens brachte. Ich gab das Leben, die Welt, das geborene Kind dafür hin, um in dem bleiben zu können, was mir zuteil ward in dieser Stunde. Das Göttliche dieses Brandes ist in mein Leben verwoben, in meine Himmel und Meere, in meine Tage und Nächte, bis sie mich einmal wieder in das grosse Licht sinken lassen.»

*

Otto Dix (1891–1969), Hauptvertreter der Neuen Sachlichkeit, hatte auch eine bisher kaum beachtete metaphysische Schau. Er hinterliess Zeichnungen, die das aus dem Leichnam herausgetretene unverwesliche Ich zeigen: über einer toten Frau, die auf offener Bahre zu Grabe getragen wird, schwebt ihr Geistleib. Auf der Darstellung eines Selbstmörders sitzt die – weniger realistisch gezeichnete – «Seele» auf einem Stuhl vor dem Erhängten, mit dem sie eine geistige «Nabelschnur» verbindet. Erst wenn diese zerrissen ist, wäre nach übereinstimmenden Aussagen der Esoteriker keine Rückkehr ins Leben mehr möglich; das erst wäre unwiderruflich der Tod.[70]

124

Über die Erscheinung von Toten gibt es zahllose
Berichte, in denen der Verstorbene als Phantom oder
Spukerscheinung, im Traum oder Wachtraum gesehen
wird. Weit bekannt wurden die Erlebnisse des Pfarrers
Oberlin (1740–1826), dessen verstorbene Frau ihm
noch neun Jahre lang nach ihrem Tode begegnete, «fast
alle Tage, träumend oder wachend, teils hier bei mir,
teils drüben an ihrem jenseitigen Aufenthaltsorte,
wo ich merkwürdige Dinge, auch politische Verände-
rungen, lang eh sie sich ereigneten, von ihr erfuhr.»
Über diese Verbindung schrieb der elsässische Pfarrer
an seinen Freund Dr. C. G. Barth: «Sie erschien aber
nicht nur mir, sondern auch meinen Hausgenossen
und vielen Personen im Steintal, warnte sie oft vor
Unglück, sagte voraus, was kommen werde, und gab
Aufschlüsse über Dinge jenseits des Grabes.[71] Später
liess sie ihrem Mann durch einen Dorfbewohner
sagen, sie könne nun nicht mehr erscheinen, sie sei zu
einer höheren Wohnung der Seligen aufgestiegen.»
Ein Wiedersehen mit dem toten Freund erlebte Don
Bosco (1815–1888), der Gründer der Salesianer. In seinem Buch über den Heiligen[72] schreibt Emil Fritz:
«In Don Boscos Seminarzeit fällt ein überkühner Versuch, sich Einsicht zu verschaffen in das Gebiet des
Jenseitigen. Bei der engen Freundschaft, die den Heiligen mit einem Alumnus, Alois Comollo, verband,
gaben sich die beiden das Versprechen, einander von
drüben her Nachricht zu geben, wenn einer von ihnen
gestorben sei. Alois Comollo muss ein aussergewöhn-
lich reiner Junge gewesen sein. Unheimlich erscheint
seine plötzliche Gewissheit eines baldigen Todes.
Doch binnen kurzem starb er wirklich. Würde er sein
Versprechen einlösen? Gab es überhaupt diese Möglichkeit?

Don Bosco, der in seiner grossen Trauer noch hoffte, erzählte selber: ‚In der Nacht nach dem Begräbnis lag ich im Bett im Schlafsaal. Ich konnte nicht schlafen und dachte dauernd an unser Versprechen. Eine eigenartige Beklemmung befiel mich. Da, um Mitternacht erhob sich ein dumpf rollendes Geräusch, als nähere sich ein Lastwagen, der von vielen Rossen gezogen wird. Bald tost es wie Kanonendonner. Entsetzt fahren die Seminaristen in ihren Betten auf. Die Tür fliegt mit Ungestüm auf. Ein mattes Licht von wechselnder Farbe fällt in den Saal. Dann tritt tiefe Stille ein. Dreimal höre ich deutlich Comollos Stimme: ‚Bosco, ich bin gerettet.‘ Wieder erhebt sich der donnernde Lärm, als wäre das Haus aus allen Fugen gerissen. Die Seminaristen versuchen zu flüchten, ohne zu wissen wohin. Ich selber wäre am liebsten gestorben. Zum erstenmal überfiel mich lähmende Furcht. Ich wurde so krank, dass ich erst nach Jahren die alte Frische zurückgewann. Dringend rate ich jedem anderen von solch unbesonnenen Gelöbnissen ab.‘»

In seinem Buch «Kann man mit den Toten in Verbindung treten?» schildert der französische Dominikaner Reginald-Omez den Fall einer in der katholischen Schriftstellerwelt bekannten Persönlichkeit: «Es geschah am 18. April 19 . . . Es war abends, wahrscheinlich ziemlich spät, denn ich verrichtete mein Gebet vor dem Schlafengehen. Ich kniete auf meinem Betschemel. Zu meiner Rechten ist eine Tür, die zu meinem Badezimmer führt, das keinen anderen Ausgang hat. Bei meinen Gebeten bete ich üblicherweise ein ‚Gedenke ihrer‘ für meinen Neffen und meine Nichten. Im Augenblick, wo ich dieses Gebet beendete, sah ich die älteste meiner Nichten aufrecht vor der Türöffnung im Badezimmer. Der Raum war dunkel, mein Zimmer durch eine Nachttischlampe schwach beleuchtet. Es dauerte eine Blitzeslänge und war fast mehr die Gewissheit einer Gegenwart als eine eigentliche Erscheinung. Ich mass diesem Zwischenfall keine Bedeutung bei, höchstens: ‚Nanu, das ist eigenartig.' Am nächsten Nachmittag erfuhr ich, dass meine Nichte eben an diesem 18. April, gegen 2 Uhr nachmittags, einen entsetzlichen Unfall mit dem Fahrrad, der einen Schädelbruch zur Folge hatte, erlitten hatte. Bewusstlos aufgehoben, war sie mehrere Stunden lang bewusstlos (im Koma) geblieben, und dies sicher auch noch zu dem Zeitpunkt, wo mir ihr Zugegensein einen Meter von mir entfernt sinnlich wahrnehmbar erschien ...»

Beten für Verstorbene

Der gleiche Superintendent Hugo Georgi, von dem im vorigen Kapitel die Rede war, berichtet über die Macht des Gebetes für Verstorbene, von der eine fromme Seherin seiner Gemeinde mit Namen Gabriele eine bewegende Erfahrung machte: «Noch nicht lange in ein neues Heim eingezogen, sass Gabriele eines Tages allein in ihrer Küche bei der Arbeit. Da schaute sie auf und gewahrte am Türpfosten in der Küche eine erhängte Frau. Diese Erscheinung erschreckte sie sehr. Das Bild der Erhängten gehörte mit zu dem Unerfreulichsten, das ihre Augen jemals zu sehen bekamen.

Der einstige Besitzer, der sein Haus durch den Vorfall nicht in Verruf bringen wollte, hatte seinerzeit niemandem davon erzählt. Der Fall war so verschwiegen wie nur möglich gehalten worden und lag zudem mehrere Jahre zurück. Gabriele wusste es einzig durch ihre seherische Gabe.

Mit der wachsenden Unruhe der Familie wuchs auch die Unruhe dieses Geistes, der schliesslich Zuflucht im Keller des Hauses suchte. Als das bekannt wurde,

wollte niemand mehr in den Keller hinunter. Merk-
würdig war hierbei das Verhalten des Hundes, der bisher im Vorkeller sein Nachtlager hatte. Jetzt wollte das
Tier nicht mehr dorthin. Wurde er mit Gewalt hinein-
gebracht, so heulte er entsetzlich.

Eines Tages sass Gabriele wieder allein in ihrer Küche,
als das Phantom aufs neue zu ihr eintrat. Nach dem
ersten Schreck fasste sie sich ein Herz und redete die
Gestalt an: ‚Was willst Du denn bei uns? Du machst
uns alle unruhig und Dich noch mehr. Hier ist nicht
Dein Platz. Sieh doch zu, dass Du endlich weiter-
kommst!‘

Die Unglückliche schaute Gabriele verwundert an und
entgegnete: ‚Wo soll ich denn hingehen?‘ Gabriele antwortete: ‚Wenn Du das nicht weisst, dann wende Dich
doch an Deinen Gott! Bete zu ihm, er möge Dir helfen.
Er wird Dir schon den rechten Weg zeigen.‘

Die Selbstmörderin erwiderte: ‚Ich kann nicht beten.‘
Da fühlte Gabriele mit ihr grosses Mitleid und sagte,
sie wolle mit ihr beten. So beugte sie die Knie und bat
Gott um Hilfe für diese unglückliche Seele. Während
sie betete, schien es ihr, als ob die Gestalt die Lippen
bewegte und mitbetete. Sie zitterte am ganzen Körper
vor Erregung.

Indem nun beide so beteten, trat plötzlich ein lichter
Engel in den Raum, fasste die Selbstmörderin freundlich bei der Hand und führte sie hinweg.

Von diesem Augenblick an war das Haus von dem
Gespenst frei. Der schwere Druck war von allen Gemü-
tern gewichen. Der Hund ging abends wieder an seinen
Platz in den Keller und rührte sich nicht.

Etwa drei Jahre mochten seit diesem Ereignis vergangen sein, als Gabriele wieder einmal allein bei ihrer
Küchenarbeit sass. Die Tür geht auf, und eine freundliche Frauengestalt kommt herein und fragt: ‚Kennst
Du mich nicht?‘ Die Seherin schaut die Besucherin

verwundert an und verneint ihre Frage. Diese aber fährt fort: ‚Du erinnerst Dich gewiss an die Erhängte in Deinem Hause, die Euch damals soviel Unruhe und Not bereitete, und mit der Du dann liebevoll gebetet hast. Ich bin die Unglückliche von damals. Du hast mir durch Deine Fürbitte einen unaussprechlich grossen Dienst erwiesen; denn durch Deine Hilfe bin ich aus meiner Finsternis und Leidensnacht herausgekommen zum Licht! Nun aber muss ich kommen und Dir danken. Gott segne Dich und vergelte Dir Deine Liebe zu mir. Ich bete nun immer für Dich und Dein Wohlergehen!‘ Gabriele sass da in tiefer Bewegung und dankte Gott aufs innigste, dass er der Seele aus ihrer Not herausgeholfen hatte.

Ein schöneres Werk als die Rettung von Menschenseelen gibt es nicht, weder im Himmel noch auf Erden. Das Bewusstsein, einem unglücklichen Menschen in dieser oder jener Welt durch Gebet geholfen zu haben, gibt die tiefste Befriedigung, die ein Mensch empfinden kann.

Dies war nicht der einzige Fall von unglücklichen Geistern, denen Gabriele helfen durfte. Ihr Gebet hatte jedesmal eine wunderbare Wirkung auf sie ausgeübt. Es schien mir, als ob jene Wesen leichter durch uns Menschen als durch den Dienst der Engel zurechtgebracht werden können. Engel stehen für sie zu hoch, sind ihnen fern, aber der Mensch der Erde wirkt als seinesgleichen auf ihr Gemütsleben tief ein. Der Sinn für die Hilfe, die diesseitige Menschen den jenseitigen leisten können, ist» – so schliesst Superintendent Georgi seinen Bericht – «in der evangelischen Kirche ganz verlorengegangen, während die katholische Kirche sich ihn bewahrt hat. Evangelische Kirchen wollen von Gebeten für die Verstorbenen nichts wissen, während die katholische Kirche solche fordert und fördert.»

Magda-Maria H. in K. erzählte mir nach dem Tode ihrer Mutter, dass sie sich eines Nachmittags von einer unerklärlichen Müdigkeit befallen fühlte und einschlief. Da sah sie die Türe zu dem Zimmer, in dem sie lag, aufgehen und ihre Mutter erscheinen. Auf die erstaunte Frage, was sie hier tue und wie es ihr gehe, sagte sie, es sei ihr entsetzlich kalt. Die besorgte Tochter erbot sich sofort, ihr aus dem Schrank einen warmen Mantel zu holen. «Ach nein», sagte die Tote, «das kann mir nicht helfen. Nur das Gebet. Bete, bete für mich. Ich selbst kann nichts mehr für mich tun.» Auf diese Worte hin faltete die Tochter unwillkürlich ihre Hände. Zugleich sah sie, dass die Mutter keine Hände mehr hatte, und sie nahm es als eine bildliche Bestätigung der Worte: «Ich selbst kann nichts mehr für mich tun.»

Am gleichen Abend noch ging sie in die Kirche und erbat von Gott die Gnade, für die Sünden der Mutter Sühne leisten zu dürfen. In den folgenden Wochen und Monaten kamen viele Leiden und etliche Krankheiten über sie. Die Mutter erschien ihr nicht mehr.

*

Nach einem heiligmässigen Leben war Erika Mössner in K. an einer Lungenkrankheit gestorben. Die letzten Tage konnte sie nicht mehr liegen, nur noch in gebückter Haltung im Bett sitzen. Im Augenblick ihrer Heimholung richtete sie sich ohne Beschwernis auf, ihr Antlitz war wie von überirdischem Licht verklärt, sie breitete die Arme weit aus und rief: «Komm, Herr Jesus, komm!»

In einem Traumgesicht, Monate nach ihrem Tode, näherte sie sich ihrer Freundin, um sie zu küssen. Instinktiv schreckte diese (in plötzlicher Erinnerung an die Lungenkranke) zurück. Da hörte sie die Stimme der Seligen: «Ich will Dir mit diesem Kuss ein weniges von der Liebe Gottes mitteilen, von der Liebesglut, die mich jetzt erfüllt!» Von dem Kuss, den sie dann empfing, durchströmte eine nie vorher empfundene beseligende Glut Körper und Seele.

Aus meinem Tagebuch

15. März 1953. Elisabeths Leben ist nach einer schweren Operation ernstlich gefährdet. Ich weiss, dass sie sich in den Willen Gottes ergeben hat. Gestern erzählte sie mir, dass ihr in der Nacht in einem Traumgesicht ihr kurz zuvor verstorbener Vater im Krankenhauszimmer erschienen ist. Er sagte zu ihr: «Eigentlich habe ich Dich holen wollen, aber ich weiss, die Mutter, der Papa und das Kind brauchen Dich noch sehr!» Von diesem Augenblick an wurde der Lebenswille in ihr wieder wach. Er spiegelt sich in ihren Augen.

*

Ohne irgendeine vorausgegangene Ursache hatte ich in der Nacht zum 18. Februar 1954, in meinem 54. Lebensjahre, ein merkwürdiges Tod-Erlebnis. Mein Ich stand vor meiner eigenen Leiche, die ich am Boden liegen sah. Dieser Körper, den ich als den meinen erkannte, musste einem Verkehrsunfall zum Opfer gefallen sein. Es standen Leute um mich, und eine Frau sagte deutlich: «Hoffentlich hat er keine Schmerzen mehr!» Dann wusste ich meinen Körper im Bett liegend, wo er tatsächlich lag, und ich fühlte, wie er langsam erkaltete, das Herz stand still, das Blut wich aus den Lippen, ich konnte mich nicht mehr rühren. Vor Angst wollte ich schreien, Elisabeth rufen, aber ich

brachte keinen Ton hervor. Da packte mich das Entsetzen. In einer verzweifelten Aufwallung des Lebens-
willens wurde der verlöschende Funke wieder wach,
und die Besinnung kehrte zurück. – (Sollte das eine
Vorausschau des bald danach überraschend eingetrete-
nen Kreislaufzusammenbruchs gewesen sein?)

*

Nacht zum 17. August 1959. Es ist unheimlich still in
diesem kleinen oberschwäbischen Ort zwischen Wald
und See, wo wir unsere Ferien verbringen. In lautloser
Nachtstunde schrecke ich aus einem Traum auf. Ich
sah mich am offenen Grab eines vor wenigen Tagen
unerwartet verstorbenen Kollegen. An diesem Abend
erst hatte ich seiner Frau einen Beileidsbrief geschrieben; er lag zwei Schritte von meinem Bett entfernt auf
dem Tisch. Während ich unmittelbar am Grab stehend
irgendwelchen Bemerkungen eines Bekannten über
den Toten lauschte, fühlte ich plötzlich, wie der Rand
des Grabes unter meinen Füssen nachgab. Ich erschrak
so heftig, dass ich vom Traum erwachte.
Nachdem ich eine Weile mit offenen Augen ins Dunkel gestarrt hatte, hörte ich das Geräusch eines an-
rollenden Gefährts. Einen Augenblick war es still,
dann hörte ich deutlich Schritte, die sich der Tür
meines Gartenzimmers näherten. Ich knipste das Licht
an, im gleichen Augenblick war es wieder so still wie
vorher.
Eine Weile wachte ich wie in Erwartung einer Begegnung, löschte dann das Licht und schlief wieder ein.
Da sah ich im Traum den Mann, an dessen offenem
Grab ich vorhin gestanden und an dessen Frau das Bei-
leidsschreiben gerichtet war, das auf dem nahen Tische
lag. Er war in ein langes, weisses Gewand gekleidet und
trug in der Hand ein Schriftstück; es erinnerte mich
gleich an sein schriftstellerisches Arbeiten, das in

den letzten Jahren viel um religiöse Fragen kreiste. Er lächelte mir zu und entschwebte.

Einer, der voranging, spricht

Alles ist hier anders, als ich es erwartet hatte, ganz anders. Ein Abgrund von Raum und Zeit liegt zwischen uns, Liebe, und doch bin ich Dir näher als zuvor. Dies ist kein Traumland, weder ein Schlaf noch ein ewiges Hosianna-Rufen. Wir treten ein in die Fülle der Wahrheit und Wirklichkeit Gottes.

Nach dem letzten Herzschlag, dem letzten Strom im Gehirn sah ich auf meinen Körper hinab wie auf einen Mantel, den man abgeworfen hat nach der Wanderung. Ich war erstaunt, dass sich die Menschen um den Rest meiner Irdischkeit so besorgt zeigten, aber ich weiss auch, Liebste, um Dein Beten mit zitternden Lippen, und dass Du über die schmalen Gedanken der anderen hinaus dem Unverweslichen, dem Auferstehungsleib zu folgen suchtest. Einige gingen umher, leise zwar, doch es bewegte das Licht der Kerzen, das sah ich merkwürdigerweise ganz deutlich, wie überhaupt das Licht von uns zuerst wahrgenommen wird, auch das kleinste Leuchten.

Ich werde noch von einigem anderen Zeuge sein, auch von Heuchelei und leeren Worten. Aber es wird, glaube mir, von allem, was Menschen denken, sprechen, tun, nur eins Bestand haben: die Gesinnung, die gute, die ehrliche, die wahrhaftige Gesinnung.

Bevor ich die Schwelle überschritt, rollte wie ein schneller Film mein ganzes Leben vor mir ab, dieser phantastische Weg durch Schatten und Licht, durch Abgründe und über Gipfel. Die Gipfel erschienen mir wie grosse Wegzeichen ins Ewige, jene gnadenhaften Anrührungen, Erschütterungen, Heimsuchungen. Einen Teil dieses Lebensweges kennst Du, Frau, den lichteren, durch Dich hell gemachten, die Qual der verworrenen Jahre vor unserer Begegnung hast Du still hinweg gebetet.

Dieses blitzhaft erleuchtete Panorama hat den Sinn, in diesem wichtigen Augenblick die Seele dem eigenen Urteil auszusetzen: der Mensch soll erkennen, wo er steht am Ende dieses Weges, ob er hinauf ging in die Freiheit der Kinder Gottes, oder ob er die breite bequeme Strasse wählte.

Dann war Musik, es hub an wie das 1. Präludium zum Wohltemperierten Klavier – Du weisst, wie sehr ich es mein Lebtag geliebt habe – und schwoll an und stieg und stieg, wie auf Leitern von Licht.

Nach dem Schritt, dem alles entscheidenden, war das andere da, ohne Übergang, wie wenn Du von einem Zimmer ins andere gehst, aus einem dunklen Raum, in dem wir uns stossen, und der voller Drohung ist und Gefahr, in einen Raum überflutenden Lichts. Es ist wie ein grosses Aufatmen, die Türe öffnet sich, der Vogel flattert auf in ein grenzenloses Licht. Aber wohin? Wo soll er sich niederlassen?

Da begegneten meinen suchenden Augen Gestalten; meine Mutter erschien mit ausgebreiteten Armen: «Mein Kind! Mein Sohn! Ich habe dich erwartet. Nie habe ich dich aus den Augen, nie aus dem Herzen verloren!» – Und dann der Bruder mit seinem jungenhaften Lachen. Jahrzehnte sind vergangen seit seinem frühen Tod, ich habe nichts vergessen. Er war ein «Kreuzfahrer», wie sich die Jugendgruppe nannte, die er leitete. Kreuzträger, hatte ich schon damals gedacht. Er hatte ein unsagbar schweres Sterben, wochenlang. Sein Leben war ein einziges Wohltun. Jetzt weiss ich, dass es nie aufgehört hat. Mit seinem Fortgang hatte die Erde ein Lächeln verloren. Er war immer da in meinem Leben, helfend, schützend, manchmal auch warnend in dunklen Zeiten. An dem Tage, an dem er gestorben war, und ich in der Dachkammer schlafen musste, hörte ich nachts seine Schritte die knarrenden Treppen heraufkommen, langsam über die alten Dielen sich meiner Türe nähern, aber ich hatte Angst, machte das Licht an und setzte mich im Bett auf in der Haltung der Abwehr. Da entfernten sich seine Schritte, enttäuscht, wie mir schien.

«Warum hattest Du Angst?» fragt er mich. Ach, ich wusste ja nichts von euch. Man hat uns immer nur Angst gemacht.

Ich will Dir, Frau, und vielen diese Angst nehmen, im Namen Jesu. «Fürchtet euch nicht! Fürchtet euch nicht!» Immer wieder hat er mit diesem Gruss die Ängstlichen, Zweifelnden getröstet und ermutigt.

Auch der Freund kam, in sich gekehrt, schweigend, wie er immer war, zuverlässig in der Kraft seines lauteren Wesens. Ich erinnerte mich bei seinem Anblick gleich der Stunde seiner helfenden Nähe. Ich war nachts bei einer gemeinsamen Wanderung von einem Abhang gestürzt und lag für Minuten bewusstlos, da kam er die Strasse herabgelaufen und legte seine Hand unter meinen Kopf. In diesem Augenblick wurde das Kreisen der Gestirne über mir langsamer, bis es stille stand.

Er lehrte mich die Wahrheit des Wortes: «Ihre Werke folgen ihnen nach.» In der Nacht, als er im fernen Antwerpen starb – ich wusste es nicht – lag er vor meinem Bett, matt, sehr blass, wie ohnmächtig. Ich legte ihm meine Hand unter den Kopf und hob ihn ein wenig auf, so wie er mir getan hatte. Er schlug die Augen auf und lächelte dankbar.

Auch andere waren da und geleiteten mich. Und langsam fiel die Fremdheit von mir ab. Ich sah auch Seelen, die niemanden hatten, der ihnen vorangegangen war.

Zu ihnen kamen Engelwesen, sprachen mit ihnen, geleiteten sie.

Alles um mich her strahlt Wahrheit und Klarheit, Güte und Liebe. Güte und Liebe, ich muss es immer wieder sagen. So wie eure Naturgesetze alles bewegen und durchwalten, so ist die Liebe unser Gesetz, unser höchstes, alles bestimmendes Gesetz. Das Mass unserer Liebe ist das Mass unserer Seligkeit. Nicht was wir waren, zählt, nicht was wir hatten, nicht was wir gewollt, erkämpft, ertrotzt haben. Ach, wenn ihr wüsstet, wie wenig das gilt!

Je grösser die Gottesliebe einer Seele ist, desto mehr strahlt sie. In den dunklen, unteren Zonen wohnen solche, die ohne Liebe waren, deren Geist sich von Menschen und Dingen absonderte, die sich Urteil und Gericht anmassten, bis zum Menschenhass, bis zum Gotteshass.

Ich muss Dir, Liebstes, gestehen, dass ich früher auch manchmal an Gottes Gerechtigkeit zu zweifeln versucht war angesichts alles Leides auf der unseligen Erde. Hier aber begreift man mit einem Male, dass Gott gerecht ist, unvorstellbar gerecht. Die in den dunklen Zonen haben sich in ihrer Weigerung, Gottes Liebe zu erwidern, sie wenigstens anzunehmen, selbst ihr Urteil gesprochen. Da sie innerlich dunkel sind, könnten sie das Licht nicht ertragen, und selbst wenn man sie aus ihren Höhlen hervorholen würde, sie müssten nach dem Gesetz ihrer Natur ungestüm nach dem bergenden Dunkel zurückverlangen.

Jetzt verstehe ich auch das Gleichnis vom Unkraut unter dem Weizen. Der Böse lebt schon auf Erden in einer einzigen Qual. Die Menschen sehen es nicht, weil ihre Sinne stumpf geworden sind. Wie sich der Gottliebende schon auf Erden seinen Himmel schafft, so der Böse, Gottferne seine Hölle. Man darf aber nicht glauben, dass diese Beklagenswerten aus dem Erbarmen Gottes herausgefallen sind. Sie werden, wo sie auch weilen, getragen von Gottes Liebe, die alles umgreift, die kleine Erde, die Himmel wie die unteren Welten, nichts entfällt seiner Hand, sonst wäre es nicht. Ihre eigentliche Hölle ist die Erkenntnis ihrer Lage, ihrer Schuld.

Gott lieben und die Menschen lieben, das gehört wesenhaft zusammen. Jesus Christus hat es uns deutlich gesagt, Er, den wir hier erkennen in seiner unvergleichlichen Herrlichkeit, der Erstgeborene vor aller Schöpfung, durch den alles gemacht ist, dem der Vater alle Gewalt gegeben hat im Himmel und auf Erden. Ich kann Dir, liebste Frau, nicht entfernt sagen, mit welcher Klarheit und Seligkeit uns die neuen Erkenntnisse erfüllen! Was hat man nicht alles falsch gemacht, unfroh und mit halbem Herzen! Auch viele von denen, die das Wort Gottes zu verkünden hatten. Sie haben sich oft beim Nebensächlichen aufgehalten und über vielen Geboten das eine, alles überragende Gebot vergessen. Ich möchte es hinein rufen in eure Welt der verstockten Herzen: Liebet, liebet, liebet! Liebt Gott, liebt die Menschen, so wenig liebenswert sie euch auch erscheinen mögen! Gott liebt sie, helft ihm, sie zu lieben!

Und noch dies: betet! Betet mehr, betet inständiger, betet zu Gott eurem Vater und bittet ihn, wie ein Kind den Vater bittet! Aber vergesst nicht, wenn ihr betet, dass nicht die Worte wichtig sind, die vielen Worte, die vielen Formeln. Gott sieht allein auf das Herz. Es genügen manchmal ganz wenige Worte, ja es genügt schon ein stummes, vertrauendes Aufschauen zu ihm, der vorher schon alles weiss, noch ehe wir es ausgesprochen haben.

Das schweigende Gebet, ich möchte es Dich lehren, Frau. Wir leben ja hier im Zustand eines Betens ohne Unterlass. Sich erfüllt wissen von Gottes Liebe, das ist es, sie lebt wie eine sanfte Glut in unserem Innern, es ist wie eine ununterbrochene Teilhabe an der Wärme seiner Liebe. Und alles, was uns bewegt im Denken oder Tun, wird von ihr bewegt.

Ja, ich sagte: Denken und *Tun!* Die ewige Ruhe, die man uns wünscht, gibt es nicht. Warum betet ihr nicht: Herr, nimm sie auf in das Reich Deines Lichtes und Deiner Liebe! – Jeder hat hier seine Aufgabe. Die vornehmste, zu der es alle drängt, deren aber nicht jeder teilhaftig wird, ist der Dienst am anderen. Wir haben viel zu tun, aber es geschieht alles ohne Hast, in einer frohen Gelassenheit. Die auf einer höheren Ebene sind, kümmern sich um die, welche den Aufstieg noch vor sich haben. Sie belehren sie, in aller Geduld, aus dem unerschöpflichen Born der göttlichen Weisheit. Und immer wieder künden sie von der Liebe Gottes, die auch hier unser Begreifen übersteigt, die wir aber immerfort wunderbar erfahren dürfen. Es bleibt nur Dank, Anbetung, Hingabe, vollkommene Hingabe an seinen heiligen Willen.

*

Das alles so plötzlich zu erfahren, ist viel für Dich, liebste Frau. Ich möchte, wenn Gott es mir erlaubt, Dir nahe bleiben, Deine Tage segnen und Deinen Schlaf. Ich will Dir Rat geben, wenn Du ihn brauchst, Dich warnen, wenn Dir Gefahr droht, in Deinem Lächeln sein und in Deinen guten Händen, wenn Du Gutes tust, wie Du es immer getan hast, auch mir tatest bis in die letzten Minuten, als Du mir die Augen schlossest. Vergiss nichts von allem, was uns verband, und fühle, wie unsere Verbundenheit nur enger geworden ist mit meinem Fortgehen.

Du kannst nun nicht mehr trauern wie die anderen, keine Furcht wird mehr in Dir sein, nur Vertrauen, grenzenloses Vertrauen.

Die «Neue Bildpost», die grösste christliche Wochenzeitung Europas, brachte am 12. November 1978 folgenden erschütternden Tatsachenbericht: Einen der erregendsten Fälle der Erscheinung einer Verstorbenen schilderte im Dezember 1943 ein französischer Abbé namens P. Labutte aus Nantes. Seine Schilderung erschien in der Zeitung «Croix de l'Orne» in Flers.

Nachdem sein Erlebnis auf lebhaften Widerhall, aber auch auf Zweifel stiess, gab Abbé Labutte am 29. Dezember 1947 eine schriftliche Erklärung ab, in der er auf seine priesterliche Ehre versicherte, dass die von ihm berichtete Begebenheit voll und ganz den Tatsachen entspräche.

Wörtlich hiess es damals, 1943, in «Croix de l'Orne»: Ich gehöre zu einer der grossen Pfarreien in Nantes und wohne unter demselben Dach wie mein Pfarrer und meine vier geistlichen Mitbrüder; zusammen bilden wir eine Gemeinschaft der Arbeit und der Brüderlichkeit. Unsere Pfarrei zählt 35 000 Seelen.

Das bedeutet, dass es unmöglich ist, alle Leute persönlich zu kennen. Es ist unser Leid, dass wir nicht im Geiste Christi und der Apostel alle Quartiere durchwandern und in jedem Haus Besuche machen können. Im vergangenen Monat war ich eines Abends sehr müde von der Tagesarbeit. Erst gegen Mitternacht konnte ich endlich mein Brevier zu Ende beten, als an der Tür des Pfarrhauses die Glocke so heftig gezogen wurde, dass ich erschrak.

Da ich vermutete, es sei für einen Kranken, ging ich selbst hinab, um die Tür zu öffnen.

Auf der Schwelle stand eine Frau von etwa 40 Jahren. Flehend hob sie ihre Hände und sprach: «Monsieur l'Abbé, kommen Sie schnell; es handelt sich um einen jungen Mann, der sterben wird!» Ich antwortete:

«Madame, ich werde morgen früh vor der Sechs-Uhr-Messe kommen.»

Da sagte sie: «Monsieur l'Abbé, es wird zu spät sein; ich beschwöre Sie, zögern Sie nicht!» «Gut, schreiben Sie mir bitte die Adresse, Namen nebst Strasse, Hausnummer und Stockwerk, in mein Vormerkbuch.»

Die Frau eilte in das Empfangszimmer. Jetzt sah ich sie erst in voller Beleuchtung; das Gesicht war schmerzerfüllt. Sie schrieb den Namen in mein Buch und dahinter: «37, rue Descartes, 2. Stock.»

Ich sagte ihr hierauf: «Sie können sich auf mich verlassen, Madame! Ich werde in zwanzig Minuten dort sein.»

Halblaut antwortete sie : «Gott möge Ihnen Ihre Nächstenliebe vergelten. Sie sind müde. Gott möge Sie dafür in der Stunde der Gefahr beschützen!» Dann verschwand sie in der Nacht.

Ich aber nahm meinen Mantel und das Nötige zur Spendung der Krankensakramente und ging durch die leeren, finsteren Strassen der Stadt. Als mir eine Streife begegnete und den Lichtstrahl der elektrischen Lampe auf mich richtete, zeigte ich meinen Passierschein und setzte danach meinen Weg eilig fort.

Dabei ging mir durch den Kopf, dass ich zu einer mir unbekannten Familie ging. Der Name, den die Frau angegeben hatte, erweckte in meinem Gedächtnis keine Erinnerung. Was sie selbst betraf, so erinnerte ich mich nur schwach, sie vor etwa drei Jahren einmal gesehen zu haben. Wieder bedauerte ich, meine Pfarrkinder nicht alle zu kennen.

Nicht ohne Mühe entdeckte ich die Nummer 37 der rue Descartes: ein grosses Mietshaus mit fünf Stockwerken und abgeblendeten Fenstern. Aus einer Wohnung erschallte gedämpftes Geräusch von einem Radio. Zum Glück war die Haustüre nur angelehnt. Beim Schein meiner Taschenlampe stieg ich die Treppe hinauf und klingelte im zweiten Stock heftig, wie jemand, der erwartet wird. Schritte wurden hörbar, ein Lichtstrahl zeigte sich, dann knarrte ein Sicherheitsriegel, und die Tür ging auf.

Ein junger Mann von etwa zwanzig Jahren betrachtete mich mit ehrfurchtsvollem Erstaunen. «Ich komme zu einem Kranken in Todesgefahr», sagte ich, «das ist doch hier?» «Nein, Monsieur l'Abbé, das ist wohl ein Irrtum.»

«Doch, man hat mir gesagt, in Nummer 37 der rue Descartes, 2. Stock.» «Das ist zwar Nummer 37 dieser Strasse, 2. Stock, und ich bin ein junger Mann», fügte er lächelnd hinzu, «aber ich bin durchaus nicht im Sterben.»

Ich hatte mein Vormerkbuch mitgenommen, hielt es ihm hin und sagte: «Eine Frau in den Vierzigerjahren ist gekommen, mich zu benachrichtigen; sie selbst hat diese Adresse hier hineingeschrieben.»

«Wahrhaftig, Monsieur l'Abbé, mir scheint, dass ich diese Schrift kenne; wie gleicht sie derjenigen meiner ...; aber nein, das ist doch zu sonderbar! Ich wohne allein mit meinem Vater, der augenblicklich Nachtdienst in der Fabrik hat. Das alles ist sicher ein Irrtum. Die Frau hat ohne Zweifel ,rue Despartes' schreiben wollen und hat aus Versehen ,rue Descartes' geschrieben.

Doch, Monsieur l'Abbé, treten Sie nun einige Minuten ein! Sie haben gefroren; ich mache Ihnen schnell einen Grog.» Ich trat in einen eleganten kleinen Salon, offene Bücher lagen auf dem Diwan. In einer Ecke standen ein Radio und ein Ledersessel. «Ich hörte soeben», sagte der junge Mann, «ein wenig ungarische Musik aus Wien», und er stellte ab.

Dann fuhr er fort: «Monsieur l'Abbé, es sind schon zwei Jahre, dass ich Sie zu sprechen wünsche, um mich Ihnen bekannt zu machen, aber ich fand den Mut

nicht, Sie aufzusuchen.» Er lächelte traurig verlegen
und gestand: «Ich bin ein verlorener Sohn!» Auf dem
Diwan sitzend, erzählte er mir sein ganzes Leben ...
Ich verliess ihn, nachdem ich ihn mit Gott ausgesöhnt
hatte. Dann eilte ich nach der rue Despartes. Unterwegs dachte ich immer noch an den merkwürdigen
Besuch, den ich eben gemacht hatte. Aber wir Geistlichen sind an solch sonderbare Vorkommnisse längst
gewöhnt. Von den Türmen der Stadt schlug es gerade
1.30 Uhr, als ich den Theaterplatz überschritt. Plötzlich
fingen die Sirenen zu heulen an. Fliegeralarm! Ich
begann zu laufen, was ich konnte, aber es gab überhaupt keine Nummer 37 in der ganzen rue Despartes,
die Strasse endete mit Nummer 16.
Schon fielen die ersten Bomben im Norden der Stadt.
Der Höllenlärm kam näher. Ich hatte nur noch Zeit,
in den nächsten Luftschutzkeller zu flüchten. Dort
verbrachte ich mit vielen Menschen drei Viertelstun-
den in furchtbarem Schrecken. Als ich herauskam,
beleuchtete greller Feuerschein die Dächer der Stadt:
Es waren wenigstens 200 Brände ausgebrochen, alles
voll von Rauchwolken, Staub und Verzweiflungs-
schreien.
Ich begab mich zur nächsten Unfallstation. Schon
waren in einem Hof mehrere Hunderte von Verwundeten und Toten beisammen, und immer kamen noch
neue hinzu, besonders Frauen und Kinder, die meisten
an der Stirne verletzt.
Ich ging von einem zum anderen, erteilte die Absolu-
tion und spendete die Letzte Ölung. Plötzlich musste
ich mich an der Wand anlehnen: «Was haben Sie,
Monsieur l'Abbé?» fragte einer der Ärzte. Ich er-
bleichte. «Einer Ihrer Verwandten vielleicht?» «Nein,
ein Pfarrkind.»
Ich war mit dem Fuss an die Leiche eines jungen
Mannes gestossen, den ich von der Nummer 37 der

rue Descartes her kannte. Vor kaum einer Stunde hatte ich ihn, noch voller Leben, verlassen, erfreut über die Vergebung seiner Sünden.

Seine Worte fielen mir wieder ein: «Sie irren sich! Sehen Sie, ich bin ja guter Gesundheit!» Und dabei hatte er fröhlich gelacht! Und doch war er am Rande der Ewigkeit gestanden und hatte es nicht gewusst! Die Barmherzigkeit Gottes aber hatte ihm Zeit gegeben, noch vor dem Tode beichten zu können.

Ich suchte nach seiner Brieftasche, in der Hoffnung, darin weitere Papiere zu finden. Die Arbeitskarte trug den Namen B. N., 21 Jahre alt. Unter den verschiedenen anderen Papieren befand sich auch ein vergilbter Brief mit Fotos.

Das eine davon stellte eine Frau von ungefähr 40 Jahren dar. Ich sprang auf. Das war ohne Zweifel das Bild der Frau, die mich gegen Mitternacht im Pfarrhaus gebeten hatte, gleich den jungen Mann zu besuchen. Auf der Rückseite des Bildes las ich das einfache Wort «Maman». Eine andere Fotografie stellte sie auf dem Totenbett dar, die Hände gefaltet, mit dem Rosenkranz, und enthielt die zwei Daten 1898 – 8. April 1939. Ich betrachtete den vergilbten Brief. Welche Überraschung! Eine Schrift, so ähnlich der, mit der die unbekannte Frau in mein Vormerkbuch geschrieben hatte.

Denken Sie nun von diesem Vorfall, der so aufregend und geheimnisvoll ist, was Sie wollen. Für mich besteht kein Zweifel mehr. Es war die Mutter des jungen Mannes gewesen, die aus der Ewigkeit gekommen war.

«Da Gott existiert, das Evangelium Christi wahr und das Wunderbare möglich ist», sagt Pascal, «welche Schwierigkeit gibt es, solches zu glauben?»

Soweit der Bericht des Abbé Labutte aus Nantes, erschienen 1943 in der «Croix de l'Orne» in Flers.

CHRISTUS-BEGEGNUNGEN

Seit den Erscheinungen des Auferstandenen vor Maria
Magdalena im Garten, vor den Aposteln und Jüngern
(1. Kor. 15, 5-8) hat der Herr nicht aufgehört, sich Menschen in seiner lebendigen Gegenwärtigkeit kundzutun, und immer mussten sie, wie die beiden Emmaus-
Wanderer, staunend bekennen: «Brannte nicht unser
Herz, da er mit uns redete!» Unzählige auf allen Wegen
der Welt haben das Feuer gespürt, das er in den Herzen,
die er anrührt, entzündet. Er hat sie getröstet mit
einem Trost, den die Welt nicht geben kann. Undurch-
dringliche Dunkelheiten hat er mit seinem Licht
durchleuchtet. Er geht durch die Zeiten als lebendige
göttliche Kraft. Wo Menschenmund versagt und kein
Trost mehr tröstet, da erzeigt er sich als der einzige
Heiland, helfend und heilend. Keiner, der nach ihm
ruft, wird ohne Antwort bleiben, und manchmal
erfüllt er schon mit der Fülle seiner Gaben den
Abgrund des menschlichen Nichts, wenn er sich ihm
nur in stummem Verlangen öffnet.[73]
Er begegnet uns sakramental in der Eucharistie, er
begegnet uns in seinem Wort und im Gebet, dessen
Stufen bis zum Gebet des Schweigens, des Lauschens
und der Vereinigung gehen. Das kontemplative Gebet
wird nach dem Zeugnis Begnadeter zu einer lebendigen, spürbaren Begegnung mit Christus, manchmal
führt es zur Unio mystica.
Von ihr unterscheidet sich die Vision. Seit der Erscheinung, die Saulus auf dem Wege nach Damaskus hatte,
wird es viele Visionen gegeben haben, von denen wir

nichts wissen. Viele sind uns schriftlich überliefert, so die Visionen der *hl. Maria Margarete Alacoque* (1672 bis 1675). Wie der *hl. Franz von Assisi* (1182–1226) die Stigmatisation als unmittelbare Begegnung mit dem Gekreuzigten erfahren hat, so auch die *hl. Katharina von Siena* (1347–1380), die auf Drängen ihres Beichtvaters bekannte: «Ich sah den Herrn, ans Kreuz geschlagen, in grossem Glanze auf mich herabkommen, und darum wurde mein Leib im Ungestüm des Geistes, der seinem Schöpfer entgegen wollte, genötigt sich zu erheben. Da sah ich aus seinen heiligen Wunden fünf blutige Strahlen nach meinen Händen, Füssen und meinem Herzen gehen, und das Geheimnis gewahrend rief ich sogleich aus: Ach Herr, mein Gott, ich beschwöre dich, lasse die Male an meinem Leibe nicht sichtbar werden! Während ich noch redete, wechselten die Strahlen die Blutfarbe in eine hellglänzende, und in der Form reinen Lichtes kamen sie an die fünf Stellen meines Körpers.»

Die Menschheit des Herrn

Der *hl. Theresia von Avila* (1515–1582) erschien «die Menschheit des Herrn in der Weise, wie er bei der Auferstehung gemalt zu werden pflegt; seine Schönheit und Majestät waren unaussprechlich, über alles hinaus, was sonst auf Erden schön genannt wird, oder was die Einbildungskraft im Laufe langer Zeit ersinnen kann. Der schneeige Glanz, in dem er strahlte, blendete nicht das innere Auge, ergötzte es vielmehr. Sein Licht war so verschieden von dem unseren, dass selbst das Sonnenlicht im Vergleich mit ihm sich unrein ansah. Die äusseren Sinne vermögen es nicht aufzufassen, denn es wird nur von den inneren gesehen; auch

kann man durch Schliessen der Augen seine Wahrnehmung nicht verhindern: denn wie auch die Seele ihre
Aufmerksamkeit abwendet, sie wird gezwungen, acht
zu geben und es mit dem inneren Auge anzuschauen.
Zu anderen Malen, besonders nach der Kommunion,
erschien er in solcher Majestät und gebot mit solcher
Macht in seiner Wohnstätte, dass die Seele sich
in ihm wie vernichtet fühlte und an seiner Gegenwart
nicht zweifeln konnte. Dann wird sie, obgleich der
Herr sich freundlich erweist, doch vom Gefühl ihrer
Sündhaftigkeit überwältigt und trauert aufs schmerz-
lichste darum. So gross ist die Gewalt einer solchen
Erscheinung, dass, träte Gott nicht hilfreich durch
Wegnahme derselben ein, die menschliche Schwäche
auf die Länge es nicht zu ertragen vermöchte.»
Weiterhin erzählt sie, sie habe lange Zeit hindurch in
der intellektuellen Vision den Herrn gegenwärtig sich
zur Seite gesehen. Mit körperlichen Augen war nichts
zu erblicken, doch war seine Anwesenheit so sicher,
dass gar nicht gezweifelt werden konnte; besonders als
er, um die Furcht zu zerstreuen, die der Beichtvater ihr
eingeredet, gesagt «Fürchte Dich nicht, ich bin's!»
Diese Worte stärkten sie so sehr, dass aller Zweifel verschwand, und sie wurde dabei zu seiner steten Erinnerung angetrieben. Im Bewusstsein, dass er immer auf
sie schaue; weil sie fühlte, dass der Herr ihr zur Rechten
stehe, nicht zwar dem Sinn vernehmlich, aber in
höherer, unerklärlicher und darum um so gesicherterer
Weise sich zu erkennen gebend.[74]

*

Die Christus-Begegnungen der stigmatisierten Augu-
stinernonne *Anna Katharina Emmerich* (1774–1824)
hat ihr Biograph Clemens Brentano nach den Worten
der Seherin aufgezeichnet. Von dem Erlebnis, das sie
in ihrem vierundzwanzigsten Jahre hatte, berichtet

sie: «Etwa vier Jahre, ehe ich ins Kloster ging, welches am 18. Dezember 1802 geschah, war ich einmal um die Mittagszeit in der Jesuitenkirche zu Coesfeld und kniete auf der Orgelbühne vor einem Kruzifix in lebhaftem Gebet. Ich war ganz in Betrachtung versunken, da wurde mir so sachte und heiss, und ich sah von dem Altare der Kirche her, aus dem Tabernakel, wo das heilige Sakrament stand, meinen himmlischen Bräutigam in Gestalt eines leuchtenden Jünglings vor mich hintreten. Seine Linke hielt einen Blumenkranz, seine Rechte eine Dornenkrone. Beides bot er mir zur Wahl dar. Ich griff nach der Dornenkrone, er setzte sie mir auf, und ich drückte sie mir mit beiden Händen auf den Kopf, worauf er verschwand und ich mit einem heftigen Schmerz rings um das Haupt wieder zur Besinnung kam.»

Über den Vorgang der Stigmatisation schreibt Clemens Brentano: «Am 29. Dezember 1812, ungefähr um drei Uhr nachmittags, lag sie sehr krank in ihrem Stübchen mit ausgebreiteten Armen in ekstatischer Erstarrung auf ihrem Bette. Sie betrachtete die Leiden des Herrn und flehte, von heftigem Mitleid bewegt, mit ihm zu leiden. Sie betete fünf Vaterunser zu Ehren der heiligen fünf Wunden, kam in eine grosse Innigkeit und fühlte einen heissen Durst nach den Schmerzen des Herrn. Ihr Angesicht war von glühender Röte übergossen. Da sah sie ein Leuchten von oben zu sich herabkommen, und in diesem die Lichtgestalt des gekreuzigten Herrn wie lebendig, seine Wunden leuchteten wie fünf helle Lichtkreise aus dem Bilde hervor. Ihr Herz fühlte sich von einem gewaltigen Schmerz und von Freude bewegt; ihre Begierde, mitzuleiden, ward bei dem Anblick der heiligen Wundmale so heftig, dass es ihr schien, als flehe ihr Mitleid aus ihren Händen, ihren Füssen und ihrer rechten Seite nach den Wundmalen der Erscheinung hin. Da schossen zuerst aus den

Händen, dann aus den Füssen und endlich aus der Seitenwunde der Kreuzerscheinung, und zwar aus jeder einzelnen Wunde, dreifache blutrote Lichtstrahlen, die sich pfeilförmig endeten, nach ihren Händen und Füssen und ihrer rechten Seite.»

Er hielt mich . . .

Für den schon einige Male genannten Erich Herrmann wurde eine Christus-Begegnung zu einem Ereignis, das sein ganzes Leben veränderte. Es war so, schrieb er mir, «wie wenn ein wehender Staub in der schwarzen Unendlichkeit plötzlich von einem Strahl getroffen wird und aufleuchtet, aufglüht, um nie mehr in der kalten Nacht des Universums unterzugehen.

Gegen Ende des Zweiten Weltkrieges kam ich durch schwere wirtschaftliche und auch innere, seelische Schwierigkeiten an den Rand des Untergangs. Der Kampf um die Sicherung meiner Existenz, den ich durch unermüdliche Arbeit gewinnen wollte, scheiterte vor Weihnachten 1961 endgültig. Am Sonntag, 17. Dezember, sagte ich abends meiner Frau, ich möchte diese Nacht auf der Liege in der Küche schlafen, sie solle mir Decke und Kissen bringen, ich würde wohl lange nicht schlafen können und möchte sie und die Kinder nicht stören. Ich konnte, wie erwartet, keinen Schlaf finden und zermarterte mir den Kopf, was werden solle, wie es weitergehen könnte. Ich fand keinen Ausweg.

Es muss zwischen vier und fünf Uhr morgens gewesen sein, als ich verzweifelt mein Gesicht in das Kissen drückte und stöhnte: ‚Du siehst doch, Herr, ich bin am Ende, ich kann nicht mehr, nun mach Du!' In diesem Augenblick war es, als öffnete sich der Boden unter mir, ich stürzte senkrecht nach unten, durch die Erde, verliess die Erde, stürzte weiter in eine unheimliche bodenlose Finsternis. Weit hinter mir spürte ich die Konturen der Erde verschwinden. – Da wurde ich von Ihm, von seinen ausgebreiteten Armen aufgefangen und an seiner Brust gehalten. Er hielt mich, mit Seinen durchbohrten Händen, liess mich nicht mehr weiter fallen, ich war gerettet.

Wenig später fand ich mich auf meinem Bett liegend, das tränennasse Gesicht noch in den Kissen. Doch ich spürte, neben meinem Bett steht Er, und ich empfand unsagbares Glück, Geborgenheit – und Todesangst. Wenn er jetzt nur ein Wort zu dir sagt, musst du sterben, dachte ich, denn mehr erträgst du nicht. Da spürte ich Seine Hand auf meinem Rücken durch die Decke, tröstend glitt sie über mich hin – im Vorübergehen, ein heiliger Schauer strömte durch meinen ganzen Körper, wie ein Mensch ihn wohl in seinen glücklichsten Stunden nicht stärker empfinden kann. Gegen acht Uhr wurde ich von meiner Frau geweckt. Sie sagte, dass ich so frisch aussähe, ich hätte wohl gut geschlafen. Ich sagte ihr, dass nun alles gut würde, wir brauchten keine Angst vor der Zukunft zu haben, obwohl ich nicht hätte sagen können, wie dies geschehen sollte.»

Die Seligpreisung derer, die nicht sehen und doch glauben (Joh. 20, 29), wird häufig auf die Eucharistie bezogen, auf den Kommunizierenden, der in der konsekrierten Hostie den Leib des Herrn empfängt. «Der Gläubige, der an der Messe teilnimmt und Zeuge einer der vielen Tausenden von Transsubstantiationen wird, die sich täglich vollziehen; der Kommunizierende, der die Nahrung des lebendigen Brotes erhält; der Priester, der das Geheimnis in seinen Händen hält und das Instrument des ganzen Vorgangs ist: sie alle sollten sich bewusst sein, dass sie an dem grössten Mysterium teilnehmen, das das Universum kennt.» [75]

Von allem, was mir je geschah, bleibt mir ein Erlebnis unvergessen, es übertrifft alles, was mich je im Leben bewegt hat, es ist nicht zu fassen, weder mit dem Verstand noch mit Worten. Durch dieses geheimnisvolle Geschehnis wurden alle meine früheren Werte entwertet, meine alten Wege ungangbar, es gab seit dieser gnadenhaften Stunde nur noch den einen Weg, den der Nachfolge des Herrn.

In einer Zeit lange währender Dunkelheit der Seele sah ich mich eines Nachts im Traum mit meinem Bruder durch eine enge Strasse gehen. Es war zur Zeit der Abenddämmerung, die Strasse war menschenleer, ich kannte sie, ich war sie oft in der ostdeutschen Kleinstadt gegangen. Sie verlief im Kreise. Mein Bruder zögerte und sagte, das Weitergehen hätte keinen Zweck, wir kämen hier doch an kein Ziel. Ich ging ein wenig voraus und glaubte immer, es müsste doch ein Ende abzusehen sein, aber meine Erwartungen wurden immer wieder getäuscht. Als ich mich umwandte, sah ich meinen Bruder stillstehen und mit hellem Gesicht zur Seite schauen. Er winkte mir, und ich kam näher. Eine breite Nebenstrasse, von der ich vorher nichts gesehen hatte, öffnete sich. An ihrem Ende stand eine gotische Kirche. Das grosse mittlere Portal war geöffnet, ein heller Lichtstrahl flutete heraus. Ich konnte trotz der Entfernung bis zum Altar sehen: über dem Tabernakel schimmerte wie eine Sonne die Monstranz. Viele Leute knieten davor, und andere eilten durch das Portal in die Kirche. Mein Bruder führte mich zu der Kirche. Ich hörte, als wir darauf zugingen, Orgelklänge.

*

In der Klosterkirche von Maria Laach sah ich im Traum an einem Altar der Evangelienseite einen Priester-Mönch. Der Pater reichte meiner Mutter, die allein dort kniete, die heilige Kommunion. Als er sich umwandte, blickte er mich an und zögerte ein wenig, als warte er, dass auch ich zum Tisch des Herrn komme. Ich konnte einen Blick in das Ziborium tun: es war bis an den Rand gefüllt mit Hostien.

Gleich darauf sah ich an einem anderen Altar einen Priester bei der Feier des Messopfers. Ich stand hinter dem Altar und konnte ihm ins Gesicht blicken. Er hatte soeben die in den Leib des Herrn verwandelte Hostie kommuniziert. Mit geschlossenen Augen stand er da, sein Antlitz war leicht erhoben, ein grosser Glanz ging von ihm aus. Dieses Angesicht spiegelte das Glück der Seele in ihrer Vereinigung mit dem Heiland. Es hat in mir das Verlangen nach einem gleichen Glück erweckt.

*

Nacht zum 9. Februar 1935. Im Schlaf sehe ich die Gestalt eines Mannes am Fussende meines Bettes sitzen, noch unklar und fern. Sie war unscheinbar gekleidet und sprach leise, behutsam, dann immer deutlicher. Ich wunderte mich sehr über die Güte, die aus den Worten klang, eine solche herzbewegende Güte hatte ich noch bei keinem Menschen gefunden, sie war über alles Begreifen gross. Allmählich gewann die Gestalt klare Konturen, stand auf, beugte sich über mich wie ein Arzt über den Kranken. «Ich bin bei Dir», hörte ich. Da erkannte ich Jesus und begriff sogleich, dass er aus lauter Güte so unscheinbar gekommen war, um mich nicht zu erschrecken. Da spendete der Herr mir die heilige Kommunion in beiderlei Gestalten. Für das, was in diesem Augenblick geschah, fehlen mir die Worte. Ich kann nur, ohne den Vorgang im einzelnen zu berichten, sagen, dass der Heiland, da er sich selbst spendete, im Augenblick der Hingabe von der

Gabe nicht getrennt war, mit der Plötzlichkeit und Gewalt eines Blitzes ging er in mich ein. Was ich davon sagen kann, ist nur die Wirkung, die unmittelbar folgende und die spätere, die immer noch lebendige und nie vergehende. Die erste Wirkung: Ich fand mich, die rechte Hand über dem hochaufschlagenden Herzen, heftig atmend, das Gesicht von Tränen nass. Es war, als könne der Körper den Einbruch des Göttlichen in seiner unmittelbaren Gewalt nicht ertragen, als müsste das schwache Gefäss zerspringen.

Tage, Wochen, Monate danach trug mich noch die Liebeskraft, die da in mich eingeströmt war, die Christuskraft, die mich befähigte, nach und nach den alten Menschen in mir zu überwinden. Das ist die zweite Wirkung, sie sagt mir, dass der Vorgang keine Täuschung gewesen sein kann.

Von dem Tage, an dem Christus Besitz von meiner Seele ergriffen und sie im Feuer seiner Liebe umgeschmolzen hat, datiere ich mein neues Leben. So oft ich seitdem in der heiligen Kommunion den Leib des Herrn empfing, schlug mein Herz in frohem Erschrecken, oder es wurde von einer tiefen Freude erfüllt, von einem Frieden, den nichts in der Welt geben kann.

*

In den folgenden Wochen wurde ich manchmal in der Nacht wach, und sofort war ein grosses Glücksgefühl da. Am deutlichsten ist mir noch die Nacht vom Gründonnerstag zum Karfreitag des 19. April 1935 in Erinnerung. Ich wachte ohne vorangegangenen Traum plötzlich auf, und mir war, als habe mich der Herr selbst geweckt. Es war ja die Nacht seiner Verlassenheit am Ölberg, als er zu seinen Jüngern kam und sie schlafend fand. Ich spürte seine Nähe so stark, dass mir die Tränen kamen. Ich konnte nichts als «Jesus» sagen. Die

152

Stunde ging hin, als wären es nur Minuten gewesen. Seitdem geschah dies immer wieder einmal, das plötzliche Wachwerden aus tiefem Schlaf und das im grossen Schweigen der Nacht schwebende Beten, Gebet des Lobpreisens und Dankens, Dank für die guten Begegnungen, für die fruchtbaren Einsamkeiten, für die Stunden der Meditation, für das Wachsen im Licht der Gnade.

*

Ich spüre deine Nähe, Herr, den Blick deiner Augen. Das Schweigen um mich her, das Schweigen in mir ist erfüllt von deiner Gegenwart. Ich lausche hinein in diese Stille. Wie der Schmetterling seine Flügel in die Sonne breitet, so halte ich mich hin in die Wärme deiner Liebe. Sieh meine Hände, meine leeren Hände, sie sind ausgestreckt in deine Fülle, in den Reichtum deines Erbarmens. Alles, was dunkel ist in mir, drängt in dein Licht. Teile dich mir mit, Herr, durchdringe mich bis in die feinsten Nerven, bis in das Gefühl der Fingerspitzen hinein, damit ich, wenn ich dem Bruder die Hand gebe, dich ausstrahle. Durchdringe mich, bis in die feinsten Äderchen, damit ich, wenn ich mit dem Bruder spreche, ihn einen Hauch von dir spüren lassen kann. Gib dich mir als das warme Herzenslicht, damit ich, wenn ich den Bruder anschaue, ihn durch dich und mit dir anschaue.

DAS BÖSE –
FASZINIERENDES GEHEIMNIS

Das Böse, dieses «schreckliche und zugleich faszinierende Geheimnis», – man denkt darüber nach, aber
begreifen lässt es sich nicht. Es hat der Weisheit Gottes gefallen, aus dem Schoss des Todes das Leben zu
zeugen, aus der Schuld die Gnade, aus dem Versagen
die Umkehr zu bewirken. Das Leben lebt aus Gegen-
sätzen. Die gewitterhaften Spannungen erzeugen den
Blitz. Im Angesicht der Narrheit gewinnt der Weise
Weisheit, im Angesicht des Satans sehnt er sich nach
Gott.
Aus dem Munde Christi wissen wir, dass der Widersacher der Fürst dieser Welt ist. Man mag es wahrhaben
wollen oder nicht, wer genau um sich schaut, spürt allenthalben sein zerstörerisches Wirken. Er wirbt um
die Menschenseele, nicht allein durch die Lockung
des Bösen, auch durch die Lockung des Schönen,
durch die Liebe sogar, aus deren Himmel er die Liebenden mitten in ihrem innigen Flug in die Tiefe zu
stürzen sucht. Und es geschieht kein Ehebruch, keine
Untreue, die er nicht durch wohlklingende Worte wie
«schicksalhafte Begegnung» und ähnliche zu rechtfer-
tigen unternimmt. Durch Bilder der Dichtung, der
Bühne, des Films und des Fernsehens stiehlt er sich in
die Phantasie der Menschen. Es gibt keinen Raum des
Lebens, in dem er nicht in irgendeiner Ecke lauert.
Die gewalttätigen Verbrecher, die aller Augen offenbaren Bösen sind die Stümper in der Schule Satans.
Seine brauchbarsten und gelehrigsten Gesellen sind
die, welche ihre Absichten unter höflich-lächelnder

Maske verbergen, die Gefälligen, Weltgewandten, die klug und sicher Auftretenden. Sie spielen geschickt mit im Spiel der Welt, wenn auch mit gefälschten Karten, sie lassen die anderen sogar gelegentlich gewinnen, wenn ihnen nur der letzte Trumpf bleibt. Immer sind sie im «Schafspelz» gekommen, im Gesellschaftsanzug, in Wolken von Parfüm oder glatten Worten. Eine Welt, die dem schönen Schein verfallen ist, wird immer wieder darauf hereinfallen.

Die übersteigerte Eigenliebe ist das untrügliche Kennzeichen des Widerspruchs gegen Gott und seine Ordnung, das Kriterium des Bösen an sich, an dem durch alle Hüllen der Verstellung, durch allen Bluff und alle Blendung hindurch der Mensch als Knecht des Fürsten dieser Welt erkannt wird.

Die wirksamsten Mittel, die der Widersacher zur Verwirklichung seiner Ziele einsetzt, sind Gewalt und Lüge. Beide ergänzen sich und treten nach Massgabe des erwarteten Erfolges vereint oder wechselweise auf. Meist geht die Lüge voran, die an der schwächsten Stelle angreift, an der naiven Vertrauensseligkeit. Die Sünde des modernen Menschen ist, dass er zwar um das Gute weiss, da ihm ein ungeheures Erbe an Erfahrung, die Weisheit von Jahrtausenden zur Verfügung steht, die Schätze des Schönen, Guten und Wahren, die von der ganzen Menschheit erarbeitet und ergraben wurden – und der dennoch lebt, als sei das alles nicht da, als wisse er nichts davon, und als genüge die nach aussen gezeigte Wohlanständigkeit.

Nur ein unaufhörliches Streben nach der Wahrheit und Vertrauen zum Göttlichen in der Welt kann uns langsam, Stufe um Stufe, aus der trüben Sphäre herausführen und uns dem unmittelbaren Andrang des Bösen entziehen. Aber nie sind wir vor ihm sicher. Darum die Mahnung, wachsam zu sein. Solange wir nicht bis ins Unterbewusste hinein gefestigt sind, solange sind wir noch unsicher und den Zufällen preisgegeben. Unsere unwillkürlichen Reaktionen auf Versuchungen, die Reflexbewegungen der Seele auf plötzliche Anfechtungen sind der Gradmesser, wie weit der Kern unseres Wesens vom göttlichen Geiste erfasst ist. «Aber die Höllen sind stärker als die Himmel.» Irgendwo las ich vor Jahren diesen Satz, und oft schien er sich dem erschrockenen Zuschauer des Welttheaters unheimlich zu bestätigen. Dann klang wie aus grosser Ferne die Stimme: «Mein Reich ist nicht von dieser Welt!» Der dieses Wort sagte, wird zuletzt und endgültig die Pforten der Hölle versiegeln. Gottes Kraft und Allmacht wird immer stärker sein als alle widergöttlichen Kräfte in der Welt.

Die entgegengesetzte Haltung ist die der Demut. Als Maria in Nazareth, nachdem der Engel ihr Gottes Willen kundgetan hatte, ohne Zögern ihr Ja sagte, war der Kopf der Schlange schon unter ihren Füssen. «Siehe, ich bin die Magd des Herrn, mir geschehe nach deinem Worte», das ist entschiedenes Bekenntnis zum Willen Gottes und zugleich Absage an den, der schon im Paradiese die ersten Menschen versucht hatte mit der Lockung: Ihr werdet sein wie Gott! Marias Bekenntnis zur Demut, ihre Bereitschaft, Gottes Dienerin zu sein, ist für alle Zeit gesprochen, auch für uns. Es gibt nur dies, ohne einen Kompromiss: Knechtschaft des Satans oder die herrliche Freiheit der Kinder Gottes, wie es St.Paulus formuliert hat. *

---

* Literaturhinweis:
Siegmund, Der Mensch zwischen Gott und Teufel, 62 Seiten.
Christiana-Verlag, Stein am Rhein 1978.
Petersdorff, Dämonologie, 2 Bände, 1001 Seiten,
5 Photos, Christiana-Verlag, Stein am Rhein,
2. Auflage 1982.

DIE PATRONIN DER UNGEBORENEN

Unsere Liebe Frau von Guadalupe

In der Stadt Mexiko gibt es ein Bild der mit der Sonne bekleideten Frau. Sie steht in Gebetshaltung, ihre Augen sind niedergeschlagen, das dunkelbraune Haar ist bedeckt von einem mit Sternen besetzten blauen Schleier. Dieses Bild befindet sich auf dem Umhang eines Mannes mit Namen Juan Diego, dem die hl. Jungfrau im Jahre 1531 erschienen ist.

Über die Entstehung des Gnadenortes «Santa Maria von Guadalupe Mexico» liegt ein glaubwürdiger Bericht aus dem Jahre 1532 vor. Er befindet sich im Archiv der Heiligen Kongregation der Riten in Rom. Dieser Bericht wurde von der kirchlichen Behörde der Stadt Mexiko abgefasst, unterzeichnet vom Bischof von Mexiko und der Bürgerschaft. Die Ereignisse haben sich damals folgendermassen abgespielt:

Es war am 9. Dezember 1531, als der 57jährige Mexikaner Juan Diego nach seiner Gewohnheit sich auf den Weg machte, um an der Samstagsfrühmesse zu Ehren der Gottesmutter teilzunehmen. Die Strasse lief am Fuss des etwa 40 Meter hohen Tepeyac-Hügels vorbei, in dessen Umgebung bis zur Eroberung Mexikos sich Heiligtümer aztekischer Göttinnen befanden, von denen vor allem die Göttin der Fruchtbarkeit Tonantzin und die Erdgöttin Coatlicue eine grosse Rolle spielten.

Als Juan Diego sich dem Berg näherte, hörte er einen vielstimmigen herrlichen Gesang, der von dem kahlen Gipfel zu kommen schien. Als der Wanderer den Blick erhob, sah er staunend, dass dieser von einer nie zuvor gesehenen Helligkeit überflutet war. Die Luft war weich, voll eines unbekannten Duftes und erfüllt von einer wunderbaren Musik. Als Juan Diego weiter den Hügel hinaufstieg, sah er eine milchweise Wolke, überstrahlt von einem glänzenden Regenbogen. Zur gleichen Zeit hörte er sich in seiner Nahuatl-Sprache mit seinem Namen angerufen. Er lief bergan, der Wolke und dem Lichte zu. Plötzlich blieb er wie gebannt stehen. Mitten in der weissen Wolke sah er eine jugendliche Frau von überirdischer Schönheit. Sie selbst, ihr Gewand, ihre Füsse und die Gräser, über denen ihre Füsse schwebten, waren in ein überirdisches, regenbogenähnliches Licht getaucht. Sie blickte ihn liebevoll an und fragte, wohin er wolle. Juan Diego sank auf die Knie, überwältigt von ihrer Schönheit, und erzählte der himmlischen Frau, dass er nach Tlatelolco wolle, um dort an einer Messe zu Ehren der Gottesmutter teilzunehmen.

Die Frau hiess ihn aufstehen und sagte ihm: «Habe keine Angst! Du sollst wissen, dass ich die immerwährende heilige Jungfrau Maria bin, die Mutter des wahren Gottes, durch welchen wir leben, die Mutter des Schöpfers und Herrn von Himmel und Erde. — Es ist mein Wunsch, dass hier ein Gotteshaus zu meiner Ehre errichtet wird, um darin alle meine Liebe, mein Mitleid, meine Hilfe und meinen Schutz darzutun. Ich bin eure liebende Mutter, Mutter zu allen Eingeborenen und Einwohnern dieses Landes, und auch zu meinen anderen Kindern, die mich lieben, anrufen und mir ihr Vertrauen schenken, um all ihr Elend, ihre Schmerzen und Leiden zu heilen.

Gehe nun zum Bischof von Mexiko und sage ihm, dass ich dich sende, um ihm meinen Wunsch zu offenbaren, dass hier zu meiner Ehre ein Gotteshaus erbaut wird ... Sei versichert, dass ich dich für die Arbeit und Mühe dieses Auftrages reichlich belohnen werde.»

Juan Diego, verwirrt und erstaunt, versprach der himmlischen Frau, ihren Wunsch zu erfüllen. Und er machte sich sogleich auf zur Residenz des Bischofs, Fray Juan Zumarraga, der zehn Jahre nach der Eroberung Mexikos durch Herman Cortes Bischof von Mexiko wurde. Der Bischof war freundlich zu Diego, aber er glaubte ihm nicht.

Der Bote der himmlischen Mutter war enttäuscht und niedergeschlagen, als er entlassen wurde. Bei Sonnenuntergang desselben Tages kam er auf dem Heimweg wieder am Tepeyac-Hügel vorbei und sah auf dem Gipfel dieselbe überirdische Erscheinung. Er sagte zu ihr: «Erhabene Frau und Gebieterin, mir scheint, dass der Bischof mir keinen Glauben schenkt. Schicke doch einen angesehenen, vornehmen Mann zu ihm!» Die Frau lächelte und gab zur Antwort: «Sicher habe ich viele Boten, die ich erwählen könnte. Aber in diesem Falle soll durch Deine Vermittlung mein Wille ausgeführt werden. Deshalb trage ich dir nochmal eindringlich auf, dass du morgen wieder zum Bischof gehst und ihm wiederum bekannt gibst, dass er ein Gotteshaus errichten muss, und dass ich, die immerwährende Jungfrau und Mutter Gottes, dich geschickt habe!»

Als Juan Diego gegen Mittag zum bischöflichen Palast kam, liess man ihn über eine Stunde warten. Als er endlich zum Bischof hinein durfte, warf er sich ihm zu Füssen und flehte ihn unter Tränen an, doch den Auftrag der Muttergottes auszuführen. Der Bischof wurde nachdenklich angesichts der Hartnäckigkeit des Azteken, die so gar nicht dem Wesen der Eingeborenen entsprach. Er gab dann zur Antwort, selbstverständlich sei er bereit, dem Wunsch der hl. Jungfrau nachzukommen, aber er müsse ein wunderbares Zeichen sehen, damit er glauben könne. Damit wurde Juan Diego entlassen. Er machte sich wieder auf den

Weg zum Tepeyac-Hügel, ohne zu wissen, dass der Bischof zwei Personen beauftragt hatte, ihm ungesehen zu folgen und ihn zu beobachten. Sie kamen auch bis an den Fuss des Berges. Sobald Juan Diego den Berg hinanstieg, schien er den Augen der Beobachter entrückt. Er war wie von der Erde verschwunden.

Juan Diego traf die wartende Frau wieder auf dem alten Platz und erzählte, was der Bischof ihm aufgetragen hatte. Maria sagte, kehre morgen wieder, dann sollst du ein Zeichen bekommen. Glücklich eilte er nach Hause. Dort herrschte grosse Aufregung: sein alter Oheim Juan Bernardino war schwer erkrankt. Den ganzen Tag widmete sich Juan Diego der Pflege des Kranken, dessen Zustand sich immer mehr verschlechterte. Am nächsten Morgen, noch bei Dunkelheit, wollte er nach der Stadt Mexiko eilen, um priesterlichen Beistand zu holen. Erst als er in die Nähe des Berges Tepeyac kam, fiel ihm sein Versprechen ein, das er nicht gehalten hatte. Deshalb wählte er, in der Meinung, dass die Muttergottes ihn nicht sehen würde, einen Umweg. Aber wie erschrak er, als ihm gerade auf diesem Wege die Himmelskönigin entgegenkam. «Wohin, mein Sohn, und warum dieser Weg?» fragte sie. Beschämt warf sich Juan Diego zu Boden, erzählte ihr seinen Kummer und bat die himmlische Frau, ihn für heute vom Auftrag an den Bischof zu befreien, da er sich um den todkranken Onkel kümmern müsse.

Die Muttergottes sagte: «Mein Sohn, nichts soll dich erschrecken! Bin ich nicht deine Mutter? Stehst du nicht unter meinem Schutz? Nichts soll dich beunruhigen, auch nicht die Krankheit deines Onkels. Er wird nicht sterben, ja noch mehr: Er ist schon geheilt! Du aber steige jetzt auf den Tepeyac-Hügel. Dort wirst du Blumen finden. Pflücke so viele, wie du tragen kannst, und bringe sie mir hierher.»

Juan Diego gehorchte, obwohl er wusste, dass auf dem Gipfel keine Blumen wachsen, da es dort nur Gestein, Gräser und Kakteen gab. Oben aber fand er einen herrlichen Blütenflor, lauter spanische Kastilienrosen. Schnell breitete er seinen Umhang aus und sammelte die Blumen hinein, so viele er einschlagen konnte. Die himmlische Frau ordnete die Rosen mit eigenen Händen und schickte ihn zum Bischof. Bevor Juan Diego sich auf den Weg machte, sagte sie noch, er solle diese Rosen als IHR Zeichen dem Bischof überbringen, sie aber vorher niemandem zeigen.

Diesmal musste Juan Diego zwei Stunden vor dem Tor des bischöflichen Palastes sitzen. Verwundert über seine Ausdauer, wollten die Türhüter wissen, was er bei sich trage. Sie wurden sogar handgreiflich, konnten ihm aber keine Blumen entreissen. Schliesslich benachrichtigten sie den Bischof, dass der Azteke gekommen sei, um das «Zeichen» zu offenbaren.

Vor dem Bischof erklärte er, dass die Muttergottes ihm den Auftrag gegeben habe, ihr Zeichen zu überbringen. Er breitete seinen Umhang aus, und in diesem Augenblick fielen die Rosen zur Erde, ein nie gekannter Duft durchströmte das ganze Gemach. Von der Seite des Umhangs aber, auf der die Blumen gelegen hatten, strahlte in überirdischer Schönheit das Bildnis der Himmelsmutter.

Zu Tränen gerührt sank der Bischof vor dem Bilde nieder. Er dankte für den Beweis göttlicher Gnade und Liebe und versprach, den Wunsch der Gottesmutter zu erfüllen.

Am 13. Dezember 1531 begab er sich mit seinen Würdenträgern und einer unübersehbaren Volksmenge an den Ort, wo die Himmelskönigin erschienen war. Noch immer blühten auf dem Berg Tepeyac die Rosen. Aber Juan Diego konnte den Platz nicht wiederfinden. Plötzlich aber, inmitten des Volkes, sprudelte eine Quelle aus der Erde hervor. An dieser Quelle fanden und finden auch heute noch Kranke Heilung. Der Bischof sandte eine Abordnung in die Wohnung Juan Diegos, um nach dem Kranken zu schauen. Vor dem Bischof erklärte dieser, dass ihm in der Morgenfrühe des 12. Dezember eine vornehm gekleidete Frau erschienen sei, ihn geheilt und ihm mitgeteilt habe, dass sie unter dem Titel «Santa Maria Virgen de Guadalupe» angerufen werden wolle. Im Oratorium des Bischofs erkannte der Geheiligte in dem Gnadenbild dieselbe Frau, die ihm erschienen war.

Nach der Errichtung der ersten Erscheinungskapelle wohnt Juan Diego in einem Raum neben dem Heiligtum und diente dort 17 Jahre als Küster. Das Gnadenbild hängt heute in der neuen grossen Basilika, die erst im Jahre 1976 durch Papst Paul VI. geweiht wurde. Guadalupe wurde die grösste Gnadenstätte Lateinamerikas. Jeden Monat werden dort 600 000 Pilger gezählt.

Am 27. Januar 1979 besuchte Papst Johannes Paul II. das Heiligtum und weihte Mexiko und ganz Lateinamerika der Jungfrau von Guadalupe. Bei dieser Gelegenheit sprach der Heilige Vater das grosse Gebet zu Unserer Lieben Frau von Guadalupe für den Frieden. Auf dem Berg Tepeyac, wo die heilige Jungfrau dem Juan Diego erschienen war, wurde am 12. Mai 1982 zu Ehren Gottes und der Santa Maria Guadalupe für die Ungeborenen, armen Herzen und armen Seelen in der ganzen Welt zum erstenmal eine hl. Messe zelebriert. In Zukunft wird dort an jedem 12. des Monats eine hl. Messe in dem gleichen Anliegen gefeiert werden.

Es ist das besondere Anliegen des Verfassers dieses Berichtes, die Verehrung Unserer Lieben Frau von Guadalupe auch bei uns, in Deutschland, in Europa, zu fördern, denn sie wird die «Patronin der Ungebore-

nen» genannt. Wer schützt sie, diese Ungeborenen, die zu vielen Millionen von der Vernichtung bedroht sind, durch Abtreibung! Wer ist sich der Ungeheuerlichkeit dieses Massenmordes noch bewusst!
Papst Johannes Paul II. betete am 27. Januar 1979 im Heiligtum der Jungfrau von Guadalupe:

O makellose Jungfrau,
schenke unseren Völkern Frieden,
Gerechtigkeit und Wohlergehen,
denn alles, was wir sind und haben,
stellen wir unter deinen Schutz, o Mutter und Herrin.
Schenke unseren Familien die Gnade,
das werdende Leben zu lieben und zu achten
mit der gleichen Liebe, mit der du das Leben
des Gottessohnes in deinem Schoss empfangen hast.
Heilige Jungfrau Maria, Mutter der schönen Liebe,
beschütze unsere Familien, damit sie stets geeint seien,
und segne die Erziehung unserer Kinder.*

---

* Im Christiana-Verlag ist vom Engländer Francis Johnston das erste Buch in deutscher Sprache über Guadalupe erschienen unter dem Titel «So hat er keinem Volk getan – Das Wunder von Guadalupe» (Auflage 22 000, 213 Seiten, 24 Abbildungen).
Durch das Bild und die Botschaft der Gottesmutter bekehrten sich neun Millionen Indios von ihren furchtbaren Götzendiensten mit Menschenopfern. Die Wissenschaft bestätigt, dass das Bild «nicht von Menschenhand gemacht» ist, ja sie entdeckte im Auge des Bildes dank der Photographie ein neues Wunder. Bischof Graber schreibt im Vorwort: «Ist es nicht eigenartig, dass Maria den aztekischen Schlangenkult beseitigt und damit die Paradies-Weissagung von Genesis 3,15 wahrmacht, während der heutige Westen immer mehr dem Gift der Schlange ausgesetzt ist. Aber dass nun in unseren Tagen auch bei uns die Verehrung Unserer Lieben Frau von Guadalupe stärker um sich greift, ist wie ein Wetterleuchten des ‚Jüngsten‘ Tages, an dem der Schlange endgültig der Kopf zertreten wird. Die Jungfrau von Guadalupe ist in ihrer einzigartigen Schönheit ein Zeichen, das an das apokalyptische Grosse Zeichen erinnert.»

BEGEGNUNG MIT MYSTIKERN

Angelus Silesius

Vielleicht wird man fragen, was uns ein Mystiker des
17. Jahrhunderts heute noch zu sagen habe? Er hat uns
viel zu sagen, Wesentliches, Bleibendes. Er gibt uns
keine Theorien, nicht einmal Ideen, er strömt über
von Weisheit. Wissenschaftliche Erkenntnisse werden unaufhaltsam von der Zeit überholt, philosophi-
sche Systeme kommen und gehen, werden modifi-
ziert, umgestossen, widerlegt. Kein philophisches System kann das Ganze des Seins aussagen und deuten.
Alle sind am Ende, wo das Geheimnis beginnt und
das Schweigen Gottes. Was aber der Mystiker, der
Weise uns an Erkenntnissen hinterlassen hat, ist von
anderer Art als alle Wissenschaft und Forschung, es
entspringt nicht dem Bemühen des vor den letzten
Rätseln unzulänglichen Verstandes, es fliesst aus der
Schau der Wesenheit. Wie der Künstler durch Intui-
tion im Bereich des sinnlich-seelischen Erfahrens zu
gültiger Aussage kommt, woher auch die überzeitli-
che Geltung und Wirkung der grossen Kunstwerke
erklärbar ist, so der Mystiker im geistig-religiösen Bereich, zumal dann, wenn er ein Dichter ist mit einer
einfühlsamen Seele und starker Formkraft wie Angelus Silesius.
Angelus Silesius, der «schlesische Bote», mit bürgerli-
chem Namen Johannes Scheffler, wurde 1624 in Breslau geboren. Sein Vater, ein heissblütiger Mann, ver-
erbte ihm das Temperament, während er seiner Mut-

ter die Sensibilität verdankt, den Hang zum Phantasti-schen, den er sein Leben lang nicht los wurde. Ehe er bei sich zu einer tiefen Innenschau einkehrte, trieb ihn sein ruheloser Forscherdrang an die bedeutend-sten Universitäten Europas. Nach einem Studienauf-enthalt in Strassburg kam er nach Holland, wo er als Zwanzigjähriger an der medizinischen Fakultät der Universität Leiden immatrikuliert wurde. Hier wandte er sich bereits unter dem Einfluss der Schrif-ten Jakob Böhmes und Meister Eckharts in schwärme-rischer Hingabe dem Religiösen zu. Die Nüchternheit des damaligen Protestantismus konnte ihn nicht mehr befriedigen, so dass er 1653 zum Katholizismus übertrat, der in ihm einen leidenschaftlichen Vor-kämpfer finden sollte.

Im Jahre 1647 finden wir ihn in Padua, wo er schon ein Jahr später zum Doktor der Philosophie und Medizin promoviert wurde. Seit dem Jahre 1649 weilte Scheff-ler wieder in seiner schlesischen Heimat. In Breslau trat er in den Kreis des Mystikers Daniel Czepko von Reigersfeld, in dem sein Hang zum Übersinnlichen volle Auswirkungsmöglichkeiten fand. Später kam er als Leibarzt des Herzogs Sylvius Nimrod in Oels in enge Verbindung mit dem Theosophen Abraham von Frankenberg, der auf ihn einen starken Einfluss aus-übte. Er wurde Priester und schliesslich fürstbischöf-licher Hofmarschall. Am 9. Juli 1677 ist er in Breslau, wo er seine letzten Jahre zurückgezogen verbrachte, gestorben.

Aus seinem umfangreichen literarischen Werk ragt der «Cherubinische Wandersmann» in einer wahrhaft überzeitlichen Geltung hervor, während die religiö-sen Lieder (in der Sammlung «Heilige Seelenlust oder geistliche Hirtenlieder») bereits einen Schwund an echter religiöser Substanz anzeigen.

In den sechs Büchern seines «Cherubinischen Wandersmann» hat Angelus Silesius seine mystischen Erkenntnisse niedergelegt. Es gibt in der gesamten Weltliteratur nichts, was an die prägnante Verdichtung der Weisheit dieser Verse heranreicht, in denen in jeweils zwei Zeilen oft mehr Sinngehalt steckt, als manchmal in ganzen Büchern. Der «Cherubinische Wandersmann» ist ein über die literarischen Niederungen des 17. Jahrhunderts weit hinausragendes Werk, lauter wie Kristall in seinen präzisen Formulierungen, demütig und kühn zugleich im Tasten nach dem Göttlichen.

Der grösste deutsche Mystiker-Poet, in dessen epigrammatischen Sprüchen sich die religiösen Weisheiten auf vollendete Art kristallisiert haben, hat unter uns Heutigen eine grosse Zahl von Freunden, vielleicht, weil der Sinn für Mystik wieder erwacht ist, wie aus dem Wachsen der charismatischen Bewegungen deutlich erkennbar ist. Bis heute lebendig geblieben sind auch manche Lieder Schefflers, so das bei katholischen wie evangelischen Christen viel gesungene «Ich will dich lieben» und «Mir nach, spricht Christus unser Held», die Weihnachtslieder, «Morgenstern der finstern Nacht» sowie «Jetzt wird die Welt recht neu geboren», «Jesus, Jesus, komm zu mir», «Auf, auf, o Seel...» (die drei erstgenannten finden sich auch im «Gotteslob»).

Die sechs Bücher des «Cherubinischen Wandersmann» mit ihren 1676 Zweizeilern lassen sich inhaltlich nicht gegeneinander abgrenzen, sie zeigen insgesamt in immer neuen Variierungen den mystischen Weg zur christlichen Vollkommenheit auf, der sich in die drei Stufen Reinigung, Erleuchtung, Vereinigung gliedert. Die Erleuchtung als die zweite Stufe bereitet die geläuterte Seele vor zur mystischen Schau, zur Vereinigung mit dem Göttlichen.

Der Weg selbst ist der Weg der Weisheit und Einsicht und damit des Trostes, wie ihn jede Weisheit enthält, eines Trostes, den die Welt nicht geben kann, denn er kommt nur zu der befriedeten, in der Harmonie der göttlichen Seinsordnung stehenden Seele, die sich voll Vertrauen in der Liebe Gottes geborgen weiss.

Der Dichter blieb aber nicht im Streben nach dem eigenen Heil stehen, so sehr es ihm darauf ankam, den Menschen zu seinem wahren Wesen zu führen, ihm war der zweite Teil des Hauptgebotes genau so wichtig: «Der Regen fällt nicht ihm, die Sonne scheint nicht ihr! Du auch bist anderen geschaffen und nicht dir.»

Zwei Mystikerinnen unserer Zeit

Von bewegender Eindringlichkeit ist Leben und Zeugnis zweier Mystikerinnen, die sich in glühender Liebe zum Herrn verzehrt haben. Sie sollen in einer Zeit wachsender Gleichgültigkeit und Kälte der drohenden Vergessenheit entrissen sein. Als Mitglied beschaulicher Orden – die eine war Karmelitin, die andere Klarissin – konnten sie ihre charismatische Veranlagung zu voller Reife entwickeln. In der Unbedingtheit ihrer Heilandsliebe strahlen sie als Leuchtfeuer hoher Mystik über ihre Zeit hinaus.

Die eine, Schwester Mirjam von Abellin, mit ihrem Klosternamen Maria von Jesus dem Gekreuzigten, war ein ganz einfaches palästinensisches Kind aus dem Dorfe Abellin, nördlich von Nazareth. Obwohl es kaum Lesen und Schreiben lernte, war es mit den höchsten mystischen Charismen begnadet; sie reichten von Levitationen bis zur Stigmatisierung.

Ihre höchste Freude war es, den geliebten Herrn in der Eucharistie anzubeten – «Sie badet ihr Leben lang in der wunderbaren Helle des lebendigen Brotes. Als Karmelitin erwartete sie die Kommunion kniend im Chor und brachte ihre Sehnsucht oft mit lauter Stimme zum Ausdruck: «Unter anderem», sagt eine ihrer Gefährtinnen, «habe ich sie sagen hören: ,Gebt mir Jesus rasch, um mich zu stärken; ich bin krank, gebt mir Jesus rasch, um mich zu erquicken; ich bin hungrig, gebt mir Jesus rasch, um mich zu sättigen.'» Eines Morgens betrat P. Chirou, der Spiritual des Karmels von Bethlehem, die Kapelle, während sie im Chor mit lauter Stimme Liebesrufe wiederholte. Als sie ihn gewahrte, sagte sie, er solle sich beeilen, ihr die Kommunion zu spenden.

Der Priester antwortete ihr mit einer gewissen Heftigkeit: «Aber, Geschöpf Gottes, Geduld! Geduld!» Eine Karmelitin bezeugt: «Ich habe sie von der Kommunion zurückkommen und sich leidenschaftlich auf die Knie werfen sehen, und sie sagte mit Nachdruck: ,Jetzt habe ich alles!'»

Während ihrer privaten Besuche beim Allerheiligsten verlor sie sich in Gott. Es geschah, dass sie, von übernatürlicher Freude hingerissen, im Chor vor dem Altar zu tanzen begann. Wie um sich zu entschuldigen, sagte sie dann: «David hat vor der Bundeslade getanzt, und ich tanze vor dem Tabernakel». Ein Pater bemerkte, dass sie in Ekstase bisweilen sogar an die Tür des Tarbernakels klopfte, wenn sie ein Lied an die göttliche Liebe sang.

Die innere Stimme

Die zweite der genannten Mystikerinnen, die am 25. Juni 1942 im Kloster der Klarissen in Jerusalem starb, war eine Konvertitin aus der Westschweiz. Als Schwester Maria von der Heiligsten Dreifaltigkeit zeichnete sie auf Verlangen des Herrn die Erleuchtungen und inneren Mitteilungen, die ihr in ihren letzten Lebensjahren zuteil wurden, auf. Die nach ihrem Tode von ihrem Beichtvater und Seelenführer herausgegebenen Offenbarungen erschienen nach vorangegangenen Übersetzungen in Italienisch, Flämisch und Englisch 1951 erstmals in deutscher Sprache.

Schwester Maria hörte auf die Stimme des Herrn und folgte ihr, liess sich in totaler Hingabe führen und formen. Sie betete: «Mache, dass es keinen Augenblick meines Lebens, keine einzige Faser meines Herzens mehr gebe, die nicht die Erfüllung Deines Willens in mir förderte!»

Der Leser, der diese Aufzeichnungen auf sich wirken lässt, erlebt eine spürbare innere Bereicherung, je mehr er sich diesen hohen, von göttlicher Liebe und Weisheit getragenen Eingebungen öffnet.

Einige wenige Beispiele mögen davon Zeugnis geben:

Wohltaten spendend, ging Ich durch die Welt. – Ich brachte den Frieden, die Ordnung, die Güte, die lautere Güte. Ich heilte die Kranken. Ich verzieh den Sündern; Ich brachte die Freude, die wahre Freude, die stille Freude. Ich brachte die Seligkeiten. Ich offenbarte den Menschen Gott, denn weil sie Ihn nicht kennen, lieben sie Ihn nicht. Ihr müsst ihnen Gott offenbaren. Das ist Nächstenliebe. Ihr sollt nicht gegen das Böse erbittert sein, sondern müsst das Böse durch das Gute überwinden. Das Gute wird immer zu seiner Stunde siegen.

*

Ich bin es, der euch eure Wünsche eingibt und eure Grossmut fördert, die wiederum die Wünsche wachsen lässt, so dass Ich die Freude habe, sie zu erfüllen. Ja, Ich schaue all das Unsichtbare.

Ich bin euch nahe wie euer eigener Atem, und ihr sucht Mich so weit weg, in Formeln und äusserlichen Haltungen. Wie könnte jede Seele in Meiner Vertrautheit glücklich sein! Das Kleinliche, das euch blind macht, würde von selbst verschwinden in diesem wachsenden Suchen der Liebe; – und die Liebe, das bin Ich! Ich antworte, sobald man Mich ruft... Ich schenke Mich allen; aber Ich habe für jede Seele Geheimnisse, die Ich ihr allein, zugleich mit der ihr eigenen Sendung, anvertrauen will.

*

Ich habe Mich ganz zu eurem Bruder gemacht; Ich wollte, dass ihr den gleichen Vater habt wie Ich, und dass Meine Mutter eure Mutter werde. Die Liebe bewahrt die geliebten Personen nicht für sich; sie schenkt sie hin... Man muss lieben, um zu schenken, – damit der Heilige Geist triumphiere und sich ausgiesse... Wie ihr nötig habt, euch geliebt zu wissen, um euch entfalten und dem Leben öffnen zu können, so habe Ich nötig, Mich von euch geliebt zu wissen, um euch Meine Gaben senden zu können. Mich lieben heisst, Mir vertrauen; heisst, nicht an Mir zweifeln; heisst, sich auf Mich verlassen.*

---

* Literaturhinweis:

Amédée Brunot, Licht vom Tabor – Mirjam – die kleine Araberin, Schwester Maria von Jesus dem Gekreuzigten, Christiana-Verlag, Stein am Rhein 1983.

P. Fidelis Butter OFM., Jesus, Offenbarungen an Maria von der Heiligsten Dreifaltigkeit, Louisa Jacques, Konvertitin, Klarissin, Christiana-Verlag, 3. Auflage 1978.

ANMERKUNGEN

1 Eine gute Übersicht in «Volk unter prophetischem Anruf» von Weigl/Branz, Altötting 1976. – P. Friedbert Branz SDS, Ich komme vom Himmel. Prophetie auch heute? Probleme der marianischen Botschaften seit 1830. Mit einem Vorwort von Prof. Dr. Rudolf Graber, Credo-Verlag, Wiesbaden 1960.
2 Johannes M. Höcht, Die grosse Botschaft von La Salette, Aschaffenburg, 4. Auflage 1977.
3 P. J. Palmer OSB, Zeitoun, Würzburg 1970.
4 Joseph von Görres gibt in seinem Werk «Die christliche Mystik» (in Auswahl herausgegeben von Joseph Bernhart, München und Berlin 1927) in dem Kapitel «Die Leuchtungen», S. 175 ff., zahlreiche Beispiele.
5 Macht und Gnade, Wiesbaden 1946, S. 291.
6 Aus Heiligsprechungsakten übersetzt. Mit einem Geleitwort von Kardinal Dr. Lorenz Jaeger, Verlag Josef Kral, Abensberg. Neuaufgelegt unter dem Titel: Wunder sind Tatsachen. Eine Dokumentation aus Heiligsprechungsakten, Würzburg, Stein a. Rhein und Linz (Donau) 1976.
7 Görlich, Der Wundermönch vom Libanon, Stein a. Rhein 1971.
8 Walt Whitmans Werk. Ins Deutsche übertragen von Hans Reisiger, Rowohlt, Hamburg 1956, S. 104.
9 Gott existiert, ich bin ihm begegnet. Herder, Freiburg i. Br. 1970.
10 Wilhelm Moufang, Magier, Mächte und Mysterien, Heidelberg 1954, S. 270.
11 Zur Phänomenologie der Mystik, 2. Auflage Freiburg 1955, S. 68 f.
12 Arthur Ford, Bericht vom Leben nach dem Tode, Scherz Verlag, Bern, München, Wien, o. J., S. 291. Über die Kirlian-Fotografie und den sogenannten Kirlian-Effekt berichten ausführlich Ostrander/Schroeder in ihrem Werk «Psi», Bern, München, Wien 1975.
13 «Esotera», Verlag Hermann Bauer, Freiburg i. Br. August 1977, S. 709 ff.
14 Gertrud von Le Fort, Die Letzte am Schafott, Novelle, München 1931, S. 133 f.
15 a.a. O. S. 207 ff.: «Das Reden und Singen in der Ekstase.» – E. Benz, Die Vision, Stuttgart 1969, S. 243.

16 Herrn Abraham von Frankenbergs auf Ludwigsdorf Lebens-
beschreibung Jakob Böhmes, in: Schriften Jakob Böhmes,
Leipzig 1923, S. 39.

17 Wilhelm Bode, Stunden mit Goethe, Berlin 1909, Bd. IV.

18 Rudolf Schwarz, Die Geisteswelt ist nicht verschlossen, Reetz
1949.

19 «Die Wirklichkeit des Aussersinnlichen in Wissenschaft und
Christentum», Abensberg 1964.

20 Arthur M. Abell, Gespräche mit berühmten Komponisten,
Eschwege 1973.

21 August Strindberg, Ein Blaubuch, ins Deutsche übersetzt von
Emil Schering, München 1920, S. 209 f.

22 Karl H. Bloching, Texte moderner Schriftsteller zur Meditation,
Mainz 1973, S. 146.

23 Wilhelm von Scholz, Der Zufall und das Schicksal, München
1937.

24 Sergei Kourdakov, Vergib mir Natascha, Frankfurt 1975, S. 16 f.,
223 f.

25 «Geist und Leben», April 1977, S. 121.

26 «Wunder sind Tatsachen, Aus den Prozessakten der Heiligen»,
Rheinischer Merkur Nr. 47, 19. November 1976, mit der Fest-
stellung: «In allen durch Selig- und Heiligsprechung entschie-
denen Fällen wurde der unanfechtbare konkrete Nachweis er-
bracht, dass der dem Prozess Unterworfene zu Lebzeiten oder
nach seinem Tode Dinge gewirkt hat, die auf keinerlei Weise,
auch nicht durch künftigen wissenschaftlichen Fortschritt,
natürlich zu erklären sind.»

27 C. S. Lewis, Wunder, eine vorbereitende Untersuchung.
Deutsch bei Jakob Hegner, 1952. Übersetzt von Sigismund
v. Radecki.

28 Badische Neueste Nachrichten, Karlsruhe, vom 14. Februar
1978 und vom 28. März 1978.

29 H. Bender. Das Problem des Wahrträumens. In «Neue Wissenschaft» (Zeitschrift für Grenzgebiete des Seelenlebens) 5. Jhg.,
H. 2/3.

30 Bonin, Lexikon der Parapsychologie, München 1976, Sp. 501 f.
Vergleiche auch Ch. Mylius, Traumjournal, Stuttgart 1974;
W. Kemper, Der Traum und seine Be-Deutung, Rheinbeck
1955.

31 Johann Peter Eckermann, Gespräche mit Goethe in den letzten
Jahren seines Lebens 1823–1832, Leipzig 1837.

32 Das Bilderbuch des Justinus Kerner, erzählt von ihm und seiner Tochter Marie, München 1962, S. 158, 160.

33 Piera Delfino Sessa, Pater Pio von Pieltrecina, Luzern 1952; Katharina Tangari, Besuche bei Pater Pio, Wels/Österreich; Dr. Berta Maria Kiesler, Padre Pio, 32. Aufl., Leutesdorf a. Rh.

34 «Das tägliche Wort», Verlag Helmut Theodor Frick, Pforzheim.

35 Peter Ringger, Das Weltbild der Parapsychologie, Olten und Freiburg i. Br. 1959, geht besonders im 2. Kapitel den Telepathie- und Hellsehexperimenten mit Tieren nach. – H. Fritsche, Tier- seele, Stuttgart 1952; David Katz, Mensch und Tier, Zürich 1948.

36 Ostrander/Schroeder, Psi, 12. Auflage, Bern und München 1975, S. 41 f.

37 Badische Neueste Nachrichten, Karlsruhe, Nr. 21 vom 27. Januar 1977, S. 12.

38 Marcelle de Jouvenel, Einklang der Welten, Olten und Freiburg i. Br. 1953. Unter dem Titel «Weisungen aus dem Jenseits» 1974 neu aufgelegt (wieder im Verlag Otto Walter).

39 Das bekannteste Beispiel einer solchen holzgeschnitzten go- tischen Christus-Johannes-Gruppe stammt aus Sigmaringen. Eine gute Kopie in Originalgrösse befindet sich in der Obhut von P. Ildefons OSB im Benediktinerinnen-Kloster Engelthal.

40 Lexikon der christlichen Ikonographie I. Sp. 597 f., Herder, Freiburg i. Br. 1968.

41 Görres a.a. O. S. 72, 99 f., 139 f., 209.

42 Maria van Look, Franz Anton Mesmer – Reinhold Schneider, Freiburg i. Br. o. J., S. 106.

43 Jahre der Freundschaft mit Reinhold Schneider, aus Tagebuch- blättern, Weilheim 1965, S. 78 und 86.

44 G. Ehrhart, Franz Marc, Stuttgart 1949, I., S. 23.

45 Jakob Böhme, Aurora oder die Morgenröte im Aufgang. Sämt- liche Schriften, hg. von Peuckert, 1955–60, 2, 15.

46 Robert Müller-Sternberg, Die Dämonen, Bremen 1964, S. 268.

47 H. Th. Musper, Albrecht Dürer, Stuttgart o. J., S. 205.

48 Franz Carl Endres, Mystik und Magie der Zahlen, 3. Auflage Zürich 1951; Lexikon der christl. Ikonographie IV., Sp. 560 f.

49 Willy Jack Pasedag, Bibel-Zahlenkunde, Bieselsberg, 2. Auflage 1974, S. 18. – H. Roscher, Die Sieben- und Neunzahl in Kultur und Mythos der Griechen, Leipzig 1904; J. Hehn, Siebenzahl und Sabbat bei den Babyloniern und im Alten Testament, Leipzig 1907, P. Friesenhahn, Hellenistische Wortzahlenmystik im Neuen Testament, 1935, 2. Auflage 1970.

50 Max Dauthendey, Der Geist meines Vaters, München 1912, S. 17.

51 Werner Bergengruen, Dichtergehäuse, Zürich 1966, S. 314 f.

52 Moufang, a.a.O. S. 273.

53 Eduard Mörike, Werke, Leipzig und Wien 1914, Bd. II., S. 466.
54 Karl Klüpfel, Gustav Schwab, Sein Leben und Wirken, Leipzig 1958, S. 323.
55 «Dichtergehäuse», S. 311.
56 Osservatore Romano, Deutsche Ausgabe, 24. November 1972, 1 f. – Matthias J. Scheeben, Handbuch der katholischen Theologie II., S. 680.
57 Kongregation für die Glaubenslehre: Christlicher Glaube und Dämonenlehre, Christiana-Verlag, Stein a. Rhein.
58 Görres a.a.O. S. 172 f.
59 Wilhelm Schamoni, Wie sie Gott wiederfanden, Wiesbaden 1960, S. 91.
60 Joseph Vianey, Leben und Wirken des hl. Joh. Baptiste Vianney, Limburg 1930.
61 Josef Eberle, Unser Weg zur Kirche, Zürich 1959, S. 49.
62 «Das ist die beste Kunst, ihn zu vertreiben, wenn man ihn verachtet und Christum anruft.» Luther auf der Wartburg, 1521.
63 Theobald Kerner, Das Kernerhaus und seine Gäste, Stuttgart 1894, S. 313 ff.
64 Die Erscheinung Satans in Gestalt eines Hundes findet sich in Dantes «Inferno» (VI, 32) und in Goethes «Faust» («Das also ist des Pudels Kern»).
65 Ursula von Mangoldt, Der Teufel ward auf die Erde geworfen, München Planegg 1957, S. 11.
66 Heft Nr. 26 und 27 vom 20. und 27. Juni 1977.
67 Reymond A. Moody, Leben nach dem Tod, Reinbeck, 1977.
68 «Flüsterparolen aus dem Jenseits». «Die Welt» Nr. 223 vom 24. September 1977.
69 Johann Christoph Hampe, Sterben ist doch ganz anders, Kreuz-Verlag Stuttgart, Berlin, 6. Auflage 1977.
70 Christliche Esoteriker haben für diese verborgene Schnur einen Hinweis in der Bibel gefunden: «Gedenke deines Schöpfers in deiner Jugend, ehe denn die bösen Tage kommen ... bevor die silberne Schnur zerreisst.» (Pred. 12, 1. und 6.)
71 G. Hildmann, Jenseits des Todes, Stuttgart 1970, S. 58.
72 Emil Fritz, Unsterbliches Vertrauen, München 1949.
73 Otto Gillen, Mensch im Spiegel, Meditationen, Gedanken, Erfahrungen. 1974, S. 110 f.
74 Görres a.a.O. S. 198, 200 f., 217 ff.
75 Zsolt Aradi, Wunder, Visionen und Magie, Salzburg 1959, S. 191. – P. Browe, Die eucharistischen Wunder des Mittelalters, Leipzig 1938. – Haesele, Eucharistische Wunder aus aller Welt, Christiana-Verlag, Stein a. Rhein.

Mein Verkehr mit Armen Seelen

Tagebuch einer Carmelitin. Mit kirchlicher Druckerlaubnis.

4. Auflage: 50000 Ex. 144 Seiten, DM/Fr. 9.80

‹In München liegt eine Heilige begraben› (Prof. Dr. Streber). Diese Heilige war Maria Anna Lindmayr, die mit dem Charisma der Ekstasen und Visionen begabt war. Als wir ihr Tagebuch entdeckten, wurden wir vom Charme ihrer Persönlichkeit und von ihren seelischen Abenteuern fasziniert, und es wurde uns blitzartig klar, dass unsere seelisch unterkühlte Zeit gerade auf diese geistige Kost angewiesen ist.
Dank einer besonderen Zulassung Gottes hatte Maria Anna Lindmayr (1657 bis 1726) Verkehr mit Armen Seelen im Fegfeuer; sie erfuhr Einzelheiten über die Ursache, die Art und die Dauer ihrer Leiden, über die Schrecklichkeit der Sünde und das gewaltige Ausmass der Läuterung und schliesslich über ihr brennendes Heimweh nach dem unendlichen Gott. Maria Lindmayr litt Unsägliches zu ihrer Befreiung, sie erhielt aber auch Erkenntnisse und Einblicke in die jenseitige Welt, die geeignet sind, uns die Augen zu öffnen.

Meine Erlebnisse mit Armen Seelen

16. Auflage: 150000 Ex. 8 Fotos, DM 9.80, Fr. 8.–, S 76.–

Maria Simma gehört zwar nicht zu den Stigmatisierten wie Theres Neumann und Pater Pio; ihr Charisma ist der von Gott zugelassene Verkehr mit den Armen Seelen. Ihr Buch spricht durch seinen inneren Wahrheitsgehalt. Das, was sie im Verkehr mit den Armen Seelen erlebt und von ihnen erfahren hat (und was – nota bene – in Hunderten von Fällen nachgeprüft werden konnte und die grössten Skeptiker und Spötter zum Verstummen brachte), mag für manche im Zeitalter der Computer und Mondsonden wie ein Anachronismus wirken, vermittelt aber wertvolle Einblicke in die jenseitige Welt und erhärtet die Tatsache, dass es einen Gott und ein Weiterleben nach dem Tode gibt.

So hat er keinem Volk getan

Das Wunder von Guadalupe von Francis Johnston
22. Tausend, 213 Seiten, 24 Abb., DM 12.–, Fr. 9.80

CHRISTIANA-VERLAG CH-8260 Stein am Rhein

JOHANNES MARIA HÖCHT

Träger der Wundmale

Eine Geschichte der Stigmatisierten

544 Seiten, 64 Bildtafeln, Leinen, DM 47.–, Fr. 42.–, S 387.–

In diesem stattlichen Band präsentiert uns Johannes Maria Höcht eine Geschichte der Stigmatisierten, die durch ihre reichhaltige Dokumentation, treffsichere Charakterisierung und kritische Würdigung fasziniert. Durch die Profilierung der Einzelschicksale wirkt das Buch auch beispielhaft und vermag suchende Christen zu begeistern und in ihrem Glauben zu bestärken. Die dritte Auflage wurde von Arnold Guillet auf den neuesten Stand gebracht.

JOHANNES MARIA HÖCHT

Die grosse Botschaft von La Salette

5. Auflage: 31000 Ex., 192 Seiten, 8 Fotos, DM/Fr. 9.80, S 91.–

Unter den von der Kirche anerkannten marianischen Erscheinungsorten nimmt La Salette eine besondere Stellung ein: durch die einzigartige topografische Lage und Majestät des Ortes, durch die strahlende Schönheit der Erscheinung, durch die Christozentrik und die Wucht der Botschaft, die hier erstmals vollständig in deutscher Sprache und in Buchform erscheint und die erst auf dem Hintergrund der apokalyptischen Ereignisse unserer Tage in ihrer ganzen Grösse und Bedeutung erahnt werden kann. ‹Beim ersten Hieb seines zornblitzenden Schwertes werden die Berge und die Natur vor Entsetzen erbeben...› Diese Worte, die die Mutter Gottes am 19. September 1846 gesprochen hat, lassen auch eine verstockte Welt aufhorchen.

OTTO GILLEN

Der Mensch in Gottes Hand

Religiöse und mystische Erfahrungen in unserer Zeit

158 Seiten, 1 Abbildung, Paperback, DM 12.–, Fr. 9.80, S 91.–

Der Mensch lebt in einem unauslotbaren Geheimnis, im Geheimnis der göttlichen Nähe, im Anhauch der göttlichen Liebe, im Anruf der Gnade. Ständig sind wir in diesem Raum, meist ohne es zu wissen. Wie Blinde tasten wir durch die Zeit, und könnten in einem Strom von Licht gehen! Besser verstehen zu lernen, wie wir von der Liebe Gottes getragen und von seiner Hand geführt werden, ist der Sinn dieses Buches. Wir können die unsichtbare Welt schauen wie durch einen Spiegel, die stumme vernehmen wie Musik, die unfassbare fassen, wenn wir uns vertrauend dem göttlichen Du öffnen; Gott ist immer bereit, sich uns mitzuteilen. In diese Richtung weisen die Aufzeichnungen des vorliegenden Buches von Otto Gillen. Gillen ist nicht nur Schriftsteller, er ist auch Charismatiker, und deshalb ist er der berufene Interpret religiöser und mystischer Erlebnisse und Bekenntnisse unserer Zeit. Solche Beispiele können Anstoss werden, Ruf zur Besinnung: War es nicht bei mir ganz ähnlich? Was habe ich aus dem grossherzigen Angebot Gottes gemacht? Zum Schluss bleibt die wichtigste Erkenntnis eines Menschenlebens, im Sumpf der Zeit festen Boden unter den Füssen zu spüren und im Weiterschreiten Vertrauen zu der guten Führung zu gewinnen, wie sie auf allen Seiten dieses Buches tröstlich aufleuchtet im Bewusstsein, dass wir uns in Gottes Hand befinden.

CHRISTIANA-VERLAG CH-8260 Stein am Rhein